《中华人民共和国民法典》
继承编学习读本

中共中央宣传部宣传教育局
全国人大常委会法制工作委员会民法室
司法部普法与依法治理局
编

 中国民主法制出版社

图书在版编目（CIP）数据

《中华人民共和国民法典》继承编学习读本/中共中央宣传部宣传教育局，全国人大常委会法制工作委员会民法室，司法部普法与依法治理局编.—北京：中国民主法制出版社，2021.1
ISBN 978-7-5162-2225-6

Ⅰ.①中… Ⅱ.①中… ②全… ③司… Ⅲ.①继承法—中国—学习参考资料 Ⅳ.①D923.54

中国版本图书馆 CIP 数据核字（2020）第 069732 号

图书出品人：刘海涛
出版统筹：乔先彪
责任编辑：乔先彪　陈　曦　逯卫光　庞贺鑫
　　　　　　许泽荣　贾萌萌　谢瑾勋

书名／《中华人民共和国民法典》继承编学习读本
作者／中共中央宣传部宣传教育局
　　　　全国人大常委会法制工作委员会民法室　编
　　　　司法部普法与依法治理局

出版·发行／中国民主法制出版社
地址／北京市丰台区右安门外玉林里 7 号（100069）
电话／（010）63055259（总编室）　63058068　63057714（营销中心）
传真／（010）63055259
http：//www.npcpub.com
E-mail：mzfz@npcpub.com
经销／新华书店
开本／32 开　880 毫米×1230 毫米
印张／4.375　**字数**／100 千字
版本／2021 年 2 月第 1 版　2021 年 3 月第 2 次印刷
印刷／北京天宇万达印刷有限公司

书号／ISBN 978-7-5162-2225-6
定价／18.00 元
出版声明／版权所有，侵权必究。

（如有缺页或倒装，本社负责退换）

出版说明

为深入学习贯彻习近平法治思想，加强民法典学习宣传工作，根据《中共中央宣传部等八部门关于加强民法典学习宣传的通知》要求，中共中央宣传部宣传教育局、全国人大常委会法制工作委员会民法室、司法部普法与依法治理局联合编辑出版了《民法典学习读本系列》，分民法典总则编、物权编、合同编、人格权编、婚姻家庭编、继承编、侵权责任编等7编。编写本书旨在以通俗、凝练、生动的语言，让民法典走到群众身边、走进群众心里，切实增强全民法治观念，提升公民法治素养，夯实依法治国社会基础，供干部群众实践中使用。

2020年12月4日

编　者

习近平在中央政治局第二十次集体学习时强调

充分认识颁布实施民法典重大意义 依法更好保障人民合法权益

《人民日报》（2020年05月30日 01版）

民法典在中国特色社会主义法律体系中具有重要地位，是一部固根本、稳预期、利长远的基础性法律，对推进全面依法治国、加快建设社会主义法治国家，对发展社会主义市场经济、巩固社会主义基本经济制度，对坚持以人民为中心的发展思想、依法维护人民权益、推动我国人权事业发展，对推进国家治理体系和治理能力现代化，都具有重大意义。全党要切实推动民法典实施，以更好推进全面依法治国、建设社会主义法治国家，更好保障人民权益

民法典系统整合了新中国70多年来长期实践形成的民事法律规范，汲取了中华民族5000多年优秀法律文化，借鉴了人类法治文明建设有益成果，是一部体现我国社会主义性质、符合人民利益和愿望、顺应时代发展要求的民法典，是一部体现对生命健康、财产安全、交易便利、生活幸福、人格尊严等各方面权利平等保护的民法典，是一部具有鲜明中国特色、实践特色、时代特色的民法典

民法典实施水平和效果，是衡量各级党政机关履行为人民服务宗旨的重要尺度。国家机关履行职责、行使职权必须清楚自身行为和活动的范围和界限。各级党和国家机关开展工作要考虑民法典规定，不能侵犯人民群众享有的合法民事权利，包

括人身权利和财产权利。有关政府机关、监察机关、司法机关要依法履行职能、行使职权，保护民事权利不受侵犯、促进民事关系和谐有序

民法典要实施好，就必须让民法典走到群众身边、走进群众心里。要广泛开展民法典普法工作，将其作为"十四五"时期普法工作的重点来抓。要把民法典纳入国民教育体系，加强对青少年民法典教育

新华社北京5月29日电　中共中央政治局5月29日下午就"切实实施民法典"举行第二十次集体学习。中共中央总书记习近平在主持学习时强调，民法典在中国特色社会主义法律体系中具有重要地位，是一部固根本、稳预期、利长远的基础性法律，对推进全面依法治国、加快建设社会主义法治国家，对发展社会主义市场经济、巩固社会主义基本经济制度，对坚持以人民为中心的发展思想、依法维护人民权益、推动我国人权事业发展，对推进国家治理体系和治理能力现代化，都具有重大意义。全党要切实推动民法典实施，以更好推进全面依法治国、建设社会主义法治国家，更好保障人民权益。

全国人大常委会法制工作委员会民法室主任、中国法学会行政法学研究会副会长黄薇同志就这个问题进行了讲解，提出了意见和建议。

习近平在主持学习时发表了讲话。他强调，《中华人民共和国民法典》，是新中国成立以来第一部以"法典"命名的法律，是新时代我国社会主义法治建设的重大成果。安排这次集体学习，目的是充分认识颁布实施民法典的重大意义，更好推动民法典实施。

习近平指出，在我国革命、建设、改革各个历史时期，我

们党都高度重视民事法律制定实施。改革开放以来，我国民事商事法制建设步伐不断加快，先后制定或修订了一大批民事商事法律，为编纂民法典奠定了基础、积累了经验。党的十八大以来，我们顺应实践发展要求和人民群众期待，把编纂民法典摆上重要日程。党的十八届四中全会作出关于全面推进依法治国若干重大问题的决定，其中对编纂民法典作出部署。在各方面共同努力下，经过5年多工作，民法典终于颁布实施，实现了几代人的夙愿。

习近平强调，民法典系统整合了新中国70多年来长期实践形成的民事法律规范，汲取了中华民族5000多年优秀法律文化，借鉴了人类法治文明建设有益成果，是一部体现我国社会主义性质、符合人民利益和愿望、顺应时代发展要求的民法典，是一部体现对生命健康、财产安全、交易便利、生活幸福、人格尊严等各方面权利平等保护的民法典，是一部具有鲜明中国特色、实践特色、时代特色的民法典。

习近平指出，要加强民法典重大意义的宣传教育，讲清楚实施好民法典，是坚持以人民为中心、保障人民权益实现和发展的必然要求，是发展社会主义市场经济、巩固社会主义基本经济制度的必然要求，是提高我们党治国理政水平的必然要求。民法典实施水平和效果，是衡量各级党政机关履行为人民服务宗旨的重要尺度。国家机关履行职责、行使职权必须清楚自身行为和活动的范围和界限。各级党和国家机关开展工作要考虑民法典规定，不能侵犯人民群众享有的合法民事权利，包括人身权利和财产权利。有关政府机关、监察机关、司法机关要依法履行职能、行使职权，保护民事权利不受侵犯、促进民事关系和谐有序。

习近平强调，有关国家机关要适应改革开放和社会主义现代化建设要求，加强同民法典相关联、相配套的法律法规制度建设，不断总结实践经验，修改完善相关法律法规和司法解释。对同民法典规定和原则不一致的国家有关规定，要抓紧清理，该修改的修改，该废止的废止。要发挥法律解释的作用，及时明确法律规定含义和适用法律依据，保持民法典稳定性和适应性相统一。随着经济社会不断发展、经济社会生活中各种利益关系不断变化，民法典在实施过程中必然会遇到一些新情况新问题。要坚持问题导向，适应技术发展进步新需要，在新的实践基础上推动民法典不断完善和发展。

习近平指出，严格规范公正文明执法，提高司法公信力，是维护民法典权威的有效手段。各级政府要以保证民法典有效实施为重要抓手推进法治政府建设，把民法典作为行政决策、行政管理、行政监督的重要标尺，不得违背法律法规随意作出减损公民、法人和其他组织合法权益或增加其义务的决定。要规范行政许可、行政处罚、行政强制、行政征收、行政收费、行政检查、行政裁决等活动，提高依法行政能力和水平。依法严肃处理侵犯群众合法权益的行为和人员。民事案件同人民群众权益联系最直接最密切。各级司法机关要秉持公正司法，提高民事案件审判水平和效率。要加强民事司法工作，提高办案质量和司法公信力。要及时完善相关民事司法解释，使之同民法典及有关法律规定和精神保持一致，统一民事法律适用标准。要加强对涉及财产权保护、人格权保护、知识产权保护、生态环境保护等重点领域的民事审判工作和监督指导工作，及时回应社会关切。要加强民事检察工作，加强对司法活动的监督，畅通司法救济渠道，保护公民、法人和其他组织合法权益，坚决防止以刑事案件名义插手民事纠纷、经济纠纷。要充分发挥律师事务所和律师等法律专业机构、专业人员的作用，帮助群众实现和维护自身合法权益，同时要发挥人民调解、商事仲裁等多元化纠纷解决机制的作用，加强法律援助、司法救助等工作，通过社会力量和基层组织务实解决民事纠纷，多方面推进民法典实施工作。

习近平强调，民法典要实施好，就必须让民法典走到群众身边、走进群众心里。要广泛开展民法典普法工作，将其作为"十四五"时期普法工作的重点来抓，引导群众认识到民法典既是保护自身权益的法典，也是全体社会成员都必须遵循的规范，养成自觉守法的意识，形成遇事找法的习惯，培养解决问题靠法的意识和能力。要把民法典纳入国民教育体系，加强对青少年民法典教育。要聚焦民法典总则编和各分编需要把握好的核心要义和重点问题，阐释好民法典关于民事活动平等、自愿、公平、诚信等基本原则，阐释好民法典关于坚持主体平等、保护财产权利、便利交易流转、维护人格尊严、促进家庭和谐、追究侵权责任等基本要求，阐释好民法典一系列新规定新概念新精神。

习近平强调，要坚持以中国特色社会主义法治理论为指导，立足我国国情和实际，加强对民事法律制度的理论研究，尽快构建体现我国社会主义性质，具有鲜明中国特色、实践特色、时代特色的民法理论体系和话语体系，为有效实施民法典、发展我国民事法律制度提供理论支撑。

习近平指出，各级党和国家机关要带头宣传、推进、保障民法典实施，加强检查和监督，确保民法典得到全面有效执行。各级领导干部要做学习、遵守、维护民法典的表率，提高运用民法典维护人民权益、化解矛盾纠纷、促进社会和谐稳定能力和水平。

习近平在中央全面依法治国工作会议上强调

坚定不移走中国特色社会主义法治道路 为全面建设社会主义现代化国家 提供有力法治保障

李克强主持　栗战书汪洋赵乐际韩正出席　王沪宁讲话

《人民日报》（2020年11月18日　第01版）

  推进全面依法治国要全面贯彻落实党的十九大和十九届二中、三中、四中、五中全会精神，从把握新发展阶段、贯彻新发展理念、构建新发展格局的实际出发，围绕建设中国特色社会主义法治体系、建设社会主义法治国家的总目标，坚持党的领导、人民当家作主、依法治国有机统一，以解决法治领域突出问题为着力点，坚定不移走中国特色社会主义法治道路，在法治轨道上推进国家治理体系和治理能力现代化，为全面建设社会主义现代化国家、实现中华民族伟大复兴的中国梦提供有力法治保障

  习近平法治思想内涵丰富、论述深刻、逻辑严密、系统完备，从历史和现实相贯通、国际和国内相关联、理论和实际相结合上深刻回答了新时代为什么实行全面依法治国、怎样实行全面依法治国等一系列重大问题。习近平法治思想是顺应实现中华民族伟大复兴时代要求应运而生的重大理论创新成果，是马克思主义法治理论中国化最新成果，是习近平新时代中国特色社会主义思想的重要组成部分，是全面依法治国的根本遵循和行动指南。全党全国要认真学习领会习近平法治思想，吃透基本精神、把握核心要义、明确工作要求，切实把习近平法治

思想贯彻落实到全面依法治国全过程

要坚持党对全面依法治国的领导。要坚持以人民为中心。要坚持中国特色社会主义法治道路。要坚持依宪治国、依宪执政。要坚持在法治轨道上推进国家治理体系和治理能力现代化。要坚持建设中国特色社会主义法治体系。要坚持依法治国、依法执政、依法行政共同推进,法治国家、法治政府、法治社会一体建设。要坚持全面推进科学立法、严格执法、公正司法、全民守法。要坚持统筹推进国内法治和涉外法治。要坚持建设德才兼备的高素质法治工作队伍。要坚持抓住领导干部这个"关键少数"。

本报北京 11 月 17 日电 中央全面依法治国工作会议 11 月 16 日至 17 日在北京召开。中共中央总书记、国家主席、中央军委主席习近平出席会议并发表重要讲话,强调推进全面依法治国要全面贯彻落实党的十九大和十九届二中、三中、四中、五中全会精神,从把握新发展阶段、贯彻新发展理念、构建新发展格局的实际出发,围绕建设中国特色社会主义法治体系、建设社会主义法治国家的总目标,坚持党的领导、人民当家作主、依法治国有机统一,以解决法治领域突出问题为着力点,坚定不移走中国特色社会主义法治道路,在法治轨道上推进国家治理体系和治理能力现代化,为全面建设社会主义现代化国家、实现中华民族伟大复兴的中国梦提供有力法治保障。

会议强调,习近平法治思想内涵丰富、论述深刻、逻辑严密、系统完备,从历史和现实相贯通、国际和国内相关联、理论和实际相结合上深刻回答了新时代为什么实行全面依法治国、怎样实行全面依法治国等一系列重大问题。习近平法治思想是顺应实现中华民族伟大复兴时代要求应运而生的重大理论创新成果，是马克思主义法治理论中国化最新成果，是习近平新时代中国特色社会主义思想的重要组成部分，是全面依法治国的根本遵循和行动指南。全党全国要认真学习领会习近平法治思想，吃透基本精神、把握核心要义、明确工作要求，切实把习近平法治思想贯彻落实到全面依法治国全过程。

李克强主持会议。栗战书、汪洋、赵乐际、韩正出席会议。王沪宁作总结讲话。

习近平在讲话中强调，我们党历来重视法治建设。党的十八大以来，党中央明确提出全面依法治国，并将其纳入"四个全面"战略布局予以有力推进。党的十八届四中全会专门进行研究，作出关于全面推进依法治国若干重大问题的决定。党的十九大召开后，党中央组建中央全面依法治国委员会，从全局和战略高度对全面依法治国又作出一系列重大决策部署，推动我国社会主义法治建设发生历史性变革、取得历史性成就，全面依法治国实践取得重大进展。

习近平对当前和今后一个时期推进全面依法治国要重点抓好的工作提出了11个方面的要求。

习近平强调，要坚持党对全面依法治国的领导。党的领导是推进全面依法治国的根本保证。国际国内环境越是复杂，改革开放和社会主义现代化建设任务越是繁重，越要运用法治思维和法治手段巩固执政地位、改善执政方式、提高执政能力，保证党和国家长治久安。全面依法治国是要加强和改善党的领导，健全党领导全面依法治国的制度和工作机制，推进党的领导制度化、法治化，通过法治保障党的路线方针政策有效实施。

习近平强调，要坚持以人民为中心。全面依法治国最广泛、最深厚的基础是人民，必须坚持为了人民、依靠人民。要把体现人民利益、反映人民愿望、维护人民权益、增进人民福祉落实到全面依法治国各领域全过程。推进全面依法治国,根本目的是依法保障人民权益。要积极回应人民群众新要求新期待,系统研究谋划和解决法治领域人民群众反映强烈的突出问题,不断增强人民群众获得感、幸福感、安全感,用法治保障人民安居乐业。

习近平指出,要坚持中国特色社会主义法治道路。中国特色社会主义法治道路本质上是中国特色社会主义道路在法治领域的具体体现。既要立足当前,运用法治思维和法治方式解决经济社会发展面临的深层次问题;又要着眼长远,筑法治之基、行法治之力、积法治之势,促进各方面制度更加成熟更加定型,为党和国家事业发展提供长期性的制度保障。要传承中华优秀传统法律文化,从我国革命、建设、改革的实践中探索适合自己的法治道路,同时借鉴国外法治有益成果,为全面建设社会主义现代化国家、实现中华民族伟大复兴夯实法治基础。

习近平强调,要坚持依宪治国、依宪执政。党领导人民制定宪法法律,领导人民实施宪法法律,党自身要在宪法法律范围内活动。全国各族人民、一切国家机关和武装力量、各政党和各社会团体、各企业事业组织,都必须以宪法为根本的活动准则,都负有维护宪法尊严、保证宪法实施的职责。坚持依宪治国、依宪执政,就包括坚持宪法确定的中国共产党领导地位不动摇,坚持宪法确定的人民民主专政的国体和人民代表大会制度的政体不动摇。

习近平指出,要坚持在法治轨道上推进国家治理体系和治理能力现代化。法治是国家治理体系和治理能力的重要依托。只有全面依法治国才能有效保障国家治理体系的系统性、规范性、协调性,才能最大限度凝聚社会共识。在统筹推进伟大斗争、伟大工程、伟大事业、伟大梦想的实践中,在全面建设社会主义现代化国家新征程上,我们要更加重视法治、厉行法治,更好发挥法治固根本、稳预期、利长远的重要作用,坚持依法应对重大挑战、抵御重大风险、克服重大阻力、解决重大矛盾。

习近平指出,要坚持建设中国特色社会主义法治体系。中国特色社会主义法治体系是推进全面依法治国的总抓手。要加快形成完备的法律规范体系、高效的法治实施体系、严密的法治监督体系、有力的法治保障体系,形成完善的党内法规体系。要坚持依法治国和以德治国相结合,实现法治和德治相辅相成、相得益彰。要积极推进国家安全、科技创新、公共卫生、生物安全、生态文明、防范风险、涉外法治等重要领域立法,健全国家治理急需的法律制度、满足人民日益增长的美好生活需要必备的法律制度,以良法善治保障新业态新模式健康发展。

习近平强调,要坚持依法治国、依法执政、依法行政共同推进,法治国家、法治政府、法治社会一体建设。全面依法治国是一个系统工程,要整体谋划,更加注重系统性、整体性、协同性。法治政府建设是重点任务和主体工程,要率先突破,用法治给行政权力定规矩、划界限,规范行政决策程序,加快转变政府职能。要推进严格规范公正文明执法,提高司法公信力。普法工作要在针对性和实效性上下功夫,特别是要加强青少年法治教育,不断提升全体公民法治意识和法治素养。要完善预防性法律制度,坚持和发展新时代"枫桥经验",促进社会和谐稳定。

习近平指出,要坚持全面推进科学立法、严格执法、公正司法、全民守法。要继续推进法治领域改革,解决好立法、执法、司法、守法等领域的突出矛盾和问题。公平正义是司法的灵魂和生命。要深化司法责任制综合配套改革,加强司法制约监督，健全社会公平正义法治保障制度，努力让人民群众在每一个司法案件中感受到公平正义。要加快构建规范高效的制约监督体系。要推动扫黑除恶常态化，坚决打击黑恶势力及其"保护伞"，让城乡更安宁、群众更安乐。

习近平强调，要坚持统筹推进国内法治和涉外法治。要加快涉外法治工作战略布局，协调推进国内治理和国际治理，更好维护国家主权、安全、发展利益。要强化法治思维，运用法治方式，有效应对挑战、防范风险，综合利用立法、执法、司法等手段开展斗争，坚决维护国家主权、尊严和核心利益。要推动全球治理变革，推动构建人类命运共同体。

习近平指出，要坚持建设德才兼备的高素质法治工作队伍。要加强理想信念教育，深入开展社会主义核心价值观和社会主义法治理念教育，推进法治专门队伍革命化、正规化、专业化、职业化，确保做到忠于党、忠于国家、忠于人民、忠于法律。要教育引导法律服务工作者坚持正确政治方向，依法依规诚信执业，认真履行社会责任。

习近平强调，要坚持抓住领导干部这个"关键少数"。各级领导干部要坚决贯彻落实党中央关于全面依法治国的重大决策部署，带头尊崇法治、敬畏法律，了解法律、掌握法律，不断提高运用法治思维和法治方式深化改革、推动发展、化解矛盾、维护稳定、应对风险的能力，做尊法学法守法用法的模范。要力戒形式主义、官僚主义，确保全面依法治国各项任务真正落到实处。

习近平指出，推进全面依法治国是国家治理的一场深刻变革，必须以科学理论为指导，加强理论思维，不断从理论和实践的结合上取得新成果，总结好、运用好党关于新时代加强法治建设的思想理论成果，更好指导全面依法治国各项工作。

李克强在主持会议时指出，习近平总书记的重要讲话全面总结了党的十八大以来法治建设取得的成就，深刻阐明了深入推进新时代全面依法治国的重大意义，系统阐述了新时代中国特色社会主义法治思想，科学回答了中国特色社会主义法治建设一系列重大理论和实践问题，对当前和今后一个时期全面依法治国工作作出了战略部署，具有很强的政治性、思想性、理论性，是指导新时代全面依法治国的纲领性文献。要认真学习领会和贯彻落实。要增强"四个意识"、坚定"四个自信"、做到"两个维护"，把会议精神转化为做好全面依法治国各项工作的强大动力，转化为推进法治建设的思路举措，转化为全面建设社会主义法治国家的生动实践，不断开创法治中国建设新局面。

王沪宁在总结讲话中表示，习近平总书记重要讲话高屋建瓴、视野宏阔、内涵丰富、思想深刻，体现了深远的战略思维、鲜明的政治导向、强烈的历史担当、真挚的为民情怀，是指导新时代全面依法治国的纲领性文献。要全面准确学习领会习近平法治思想，牢牢把握全面依法治国政治方向、重要地位、工作布局、重点任务、重大关系、重要保障，切实在全面依法治国各项工作中加以贯彻落实。

中央宣传部、生态环境部负责同志，北京、上海、浙江、广东4省市党委全面依法治省（市）委员会办公室主任作交流发言。

中共中央政治局委员、中央书记处书记，全国人大常委会有关领导同志，国务委员，最高人民法院院长，最高人民检察院检察长，全国政协有关领导同志等出席会议。

中央全面依法治国委员会委员，各省区市和计划单列市、新疆生产建设兵团党委全面依法治省（区、市、兵团）委员会主任，中央和国家机关有关部门、有关人民团体、中央军委机关有关部门主要负责同志等参加会议。

目 录

CONTENTS

第六编
001 | 继承

第一章
001 | 一般规定

第二章
020 | 法定继承

第三章
043 | 遗嘱继承和遗赠

第四章
074 | 遗产的处理

第六编 继 承

继承制度是关于自然人死亡后财富传承的制度。1985年六届全国人大三次会议通过了继承法。继承法实施以来，随着人民群众生活水平不断提高，个人和家庭拥有的财产日益增多，因继承引发的纠纷也越来越多。根据我国社会家庭结构、继承观念等方面的发展变化，继承编在继承法的基础上，修改完善了我国的继承制度，以满足人民群众处理遗产的现实需要。继承编共四章、四十五条，对法定继承、遗嘱继承和遗赠、遗产的处理等制度作了规定。

第一章 一般规定

第一章共七条，是有关继承制度的一般规定，内容包括继承编的调整范围、继承开始的时间、死亡推定、丧失继承权等。本章与继承法总则一章大致相同，根据实践发展的需要，作了进一步的修改完善，主要增加了有关死亡时间推定的规定，修改了遗产范围的规定，增加了宽恕制度，同时为了适应民法典的体系性要求，删除了继承法有关无民事行为能力人和限制民事行为能力人继承权代理的规定、继承纠纷诉讼时效的规定。

> **第一千一百一十九条** 本编调整因继承产生的民事关系。

❖ **条文主旨** ❖

本条是关于继承编调整范围的规定。

❖ 条文解读 ❖

民法典总则编规定的是民事行为的普遍性、共通性规范。民法典其他各编所调整的都是特定领域的民事关系。继承编所调整的就是继承领域的民事关系，即因继承产生的民事关系。

继承是自然人死亡后，按照法律规定或者遗嘱处理分配其所遗留的个人财产的制度。继承编所调整的就是因继承产生的民事关系。因继承产生的民事关系就是继承关系。继承法律关系包括三个方面内容：一是继承法律关系的主体，即依法享有继承权利、承担相应义务的人，主要包括被继承人和继承人、受遗赠人。被继承人就是死亡时遗留财产的自然人。被继承人只能是自然人。因为法人、非法人组织解散或者破产后，需要按照法律规定清算以处理其财产。继承人就是继承遗产或者有权继承遗产的人。受遗赠人就是根据被继承人的遗嘱接受其赠与的人。二是继承法律关系的客体，就是遗产，即被继承人死亡时所遗留的个人合法财产。继承法律关系所指向的对象，就是被继承人的遗产。继承法律关系围绕遗产的分割与处分展开。三是继承法律关系的内容，就是继承法律关系当事人之间的权利义务关系。在继承法律关系中，继承人享有继承权，同时也承担着相应的法律义务，如在遗产分割前妥善保管存有的遗产，根据遗嘱的要求履行被继承人对继承所附加的义务等。

继承编调整继承关系，并不意味着其他各编或者其他民事法律就不调整继承关系。相反，有些法律还对特定领域的继承问题作了相应规定。在涉及这些领域的继承关系时，还需要适用特别法中的有关规定。比如，农村土地承包法第32条规定，承包人应得的承包收益，依照继承法的规定继承。林地承包的承包人死亡，其继承人可以在承包期内继续承包。公司法第75条规定，自然人股东死亡后，其合法继承人可以继承股东资格；但是，公司章程另有规定的除外。

> **第一千一百二十条** 国家保护自然人的继承权。

❖ **条文主旨** ❖

本条是关于保护继承权的规定。

❖ **条文解读** ❖

一、继承权

继承权是民事权利的一种，继承权是自然人依法享有继承被继承人死亡时遗留的遗产的权利。继承权的具体内容包括：一是接受与放弃继承的权利。继承权作为一种财产性权利，继承人有权接受继承，也有权放弃继承。任何人不能强迫继承人接受或者放弃继承。根据继承编第1124条第1款的规定，继承开始后，继承人放弃继承的，应当在遗产处理前，以书面形式作出放弃继承的表示；没有表示的，视为接受继承。二是取得遗产的权利。继承人如果不放弃继承，即可依法取得被继承人所遗留的遗产。至于继承人取得遗产的份额多少，则需要根据法律规定或者遗嘱内容判断。三是继承权受到侵害时获得救济的权利。继承权作为财产权利，在受到不法侵害时，继承人当然有权依法寻求救济，理论上此种权利被称为继承恢复请求权。继承人根据继承恢复请求权可以要求法院确认自己依法享有继承权，并可以请求返还其依法应得的遗产。

继承权可以由自然人本人行使，也可以由其代理人行使。完全民事行为能力人可以独立从事民事法律行为，自然可以行使继承权。对于限制民事行为能力人和无民事行为能力人而言，由于不具有完全民事行为能力，故无法独立行使继承权。继承法规定："无行为能力人的继承权、受遗赠权，由他的法定代理人代为行使。限制行为能力人的继承权、受遗赠权，由他的法定代理人代为行使，或者征得法定代理人同意后行使。"总则编对于限制民事行为能力人和无民事行为能力人如何实施民事法律行为已经有了相关规定，即限制民事行为能力人实施民事法律行为由其法定代理人代理或者经其法定代理人同意、追认，无民事行为能力人由其法定代理人代理实施民事法律行为。因此，继承编删除了继承法的此条规定。

二、继承权的保护

本条规定，国家保护自然人的继承权。在继承编征求意见过程中，有的意见提出，本条内容与总则编第 124 条规定重复，建议删除。总则编第 124 条规定："自然人依法享有继承权。自然人合法的私有财产，可以依法继承。"需要注意的是，总则编第 124 条是从权利享有的角度规定，本条重点突出的继承权的保护，二者的立法目标不同。还有意见建议增加规定，"保护胎儿的继承权益"。鉴于总则编第 16 条已经明确规定"涉及遗产继承、接受赠与等胎儿利益保护的，胎儿视为具有民事权利能力"，因此没有必要重复规定。

保护自然人继承权不仅是民法典的重要内容，是民法典继承编的基本原则之一，同样也是我国宪法规定的公民基本权利之一。宪法第 13 条第 2 款规定，国家依照法律规定保护公民的私有财产权和继承权。民法典继承编保护继承权的规定是落实宪法规定的具体体现。

> **第一千一百二十一条** 继承从被继承人死亡时开始。
> 相互有继承关系的数人在同一事件中死亡，难以确定死亡时间的，推定没有其他继承人的人先死亡。都有其他继承人，辈份不同的，推定长辈先死亡；辈份相同的，推定同时死亡，相互不发生继承。

❖ **条文主旨** ❖

本条是关于继承开始时间和死亡时间推定的规定。

❖ **条文解读** ❖

一、继承的开始

本条第 1 款规定，继承从被继承人死亡时开始。继承的开始意味着继承法律关系的形成。继承从被继承人死亡时开始，继承开始的时间非常重要，继承开始的时间决定着以下重要问题：一是继承人、受遗赠人范围。继承人有哪些、受遗赠人是否能够获得遗赠，都需要根据继承开始时有关当事人的法律状态来判断。比如，被继承人死亡时，其配偶已离婚的，则其配偶就不再是法定继承人，因而不享有继承权。如果被继承人死亡时，遗嘱所确定的受遗赠人在此前已经死亡的，则遗嘱指定的受遗赠人不能享有受遗赠权。因此，一个民事主体是否享有继承权或者受遗赠权，需要根据被继承人死亡之时该民事主体的法律状态具体判断。二是遗产的范围。被继承人死亡的时间是确定被继承人所遗留遗产的时点。被继承人生前可以根据自己的意志自由处分其所有的财产，因此，财产状况是变化的，难以确定。而一旦被继承人死亡，此时，被继承人遗留财产的种类、数量、范围、债权债务等才能最终确定。三是遗产所有权的转移。被继承人死亡后，被继承人不再具有民事权利能力，也就不能成为民事权利的主体，其所遗留的财产的所有权即应转移给继承人。物权编第 230 条规定，因继承取得物权的，自继承开始时发生效力。因此，继承人死亡的时间就是遗产所有权移转的时间。四是遗嘱的效力。遗嘱订立后并不发生效力，只有在被继承人死亡时，遗嘱才生效。因此，继承开始的时间也就是遗嘱生效的时间。如果被继承人留有数份遗嘱，各遗嘱之间的内容有抵触的，根据继承编的有关规定，应当以被继承人生前所立的最后那份遗嘱为准。因此，一份遗嘱是否发生效力、是否有效，需要根据被继承人死亡时的具体情况判断。五是继承权的放弃。继承人有权放弃继承，但是根据继承编的规定，放弃继承必须在继承开始后遗产分割之前，继承人不能在继承开始之前表明放弃继承。因此，继承开始的时间决定着一个人所作的放弃继承的意思表示是否有效。

继承开始取决于被继承人死亡的时间。因此，如何确定被继承人死亡的时间至关重要。死亡从法律上而言，包括自然死亡与宣告死亡。总则编第15条对出生时间和死亡时间有明确的规定，自然人的出生时间和死亡时间，以出生证明、死亡证明记载的时间为准；没有出生证明、死亡证明的，以户籍登记或者其他有效身份登记记载的时间为准。有其他证据足以推翻以上记载时间的，以该证据证明的时间为准。因此，确定被继承人死亡的时间应当以死亡证明所记载的时间为准，没有死亡证明的，则应当以其他有效身份登记记载的时间为准。宣告死亡是自然人下落不明达到法定期限，经利害关系人申请，人民法院经过法定程序在法律上推定失踪人死亡的一项民事制度。宣告自然人死亡，是对自然人死亡在法律上的推定，这种推定将产生与生理死亡基本一样的法律效果。总则编对宣告死亡的时间也作了规定，第48条规定，被宣告死亡的人，人民法院宣告死亡的判决作出之日视为其死亡的日期；因意外事件下落不明宣告死亡的，意外事件发生之日视为其死亡的日期。因此，宣告死亡时死亡时间的确定需要根据具体情况判断：如果被宣告死亡者是由于意外事件失踪的，宣告死亡的时间以意外事件发生之日为死亡的日期；如果被宣告死亡是由于其他原因失踪的，则以人民法院宣告死亡判决作出之日为死亡时间。

二、死亡时间的推定

本条第2款规定，相互有继承关系的数人在同一事件中死亡，难以确定死亡时间的，推定没有其他继承人的人先死亡。都有其他继承人，辈份不同的，推定长辈先死亡；辈份相同的，推定同时死亡，相互不发生继承。之所以这么规定，是从有利于保护继承人的利益角度考虑的。相互有继承关系的数人在同一事件中死亡的，根据本款规定，确定死亡时间需要根据具体情况判断：首先，在同一事件中死亡的相互有继承关系的数人，他们的死亡时间如果可以确定的，应当根据客观证据来确定。其次，如果没有证据能证明他们的死亡时间的先后的，则需要根据各自的具体情况进一步作出推定：第一种情况，如果有人没有其他继承人，仅有的继承人都在同一事件中死亡的，推定此人先死亡。这样规定就可以使其遗产能够依法被继承，而不会造成无人继承的状况。第二种情况，如果他们都有其他继承人的，就需要再进一步根据他们之间的辈份情况来推定，具体而言：其一，辈份不同的，推定长辈先死亡。例如，甲乙爷孙二人在同一事件中死亡，两人均有其他继承人，则推定爷爷甲先死亡，其孙子乙后死亡。其二，辈份相同的，推定同时死亡，相互之间不发生继承。例如，兄弟丙丁在同一事件中死亡，两人也都有其他继承人，则推定二人同时死亡，相互之间不继承对方的遗产。

> **第一千一百二十二条** 遗产是自然人死亡时遗留的个人合法财产。
>
> 依照法律规定或者根据其性质不得继承的遗产，不得继承。

❖ **条文主旨** ❖

本条是关于遗产的规定。

❖ **条文解读** ❖

一、遗产的含义和范围

本条第1款规定,遗产是自然人死亡时遗留的个人合法财产。遗产是继承法律关系的客体,也是继承权的标的。

关于遗产的范围,有不同立法例。一是概括式,即通过概括遗产的特征明确遗产的定义,以抽象方式规定遗产的范围;二是列举式,就是通过一一列明的方式写明哪些财产属于遗产;三是概括式与列举式相结合,在概括规定遗产定义的同时列出遗产的范围。我国继承法第3条规定,遗产是公民死亡时遗留的个人合法财产,包括:(1)公民的收入;(2)公民的房屋、储蓄和生活用品;(3)公民的林木、牲畜和家禽;(4)公民的文物、图书资料;(5)法律允许公民所有的生产资料;(6)公民的著作权、专利权中的财产权利;(7)公民的其他合法财产。

在立法过程中,就如何规定遗产的范围,有不同意见。有的意见提出,概括式规定能更全面地涵盖遗产范围,更能适应市场经济的发展和社会生活的变化,也是世界各国的普遍做法。有的建议详细列明遗产的范围包括,动产、不动产、建设用地使用权、财产性债权、知识产权中的财产权益、有价证券、股权和其他投资性权利、网络虚拟财产以及其他合法财产和财产性权益。有的意见提出,明确农村宅基地使用权、土地承包经营权、城市公租房、死亡赔偿金、冷冻胚胎、债权债务等是否可以继承。

考虑到在继承法起草制定时,我国的市场经济尚未确立,人民群众拥有的财产有限,私人财产观念也不强,继承法列明遗产的范围在技术上易操作,也有利于提高人民群众的权利意识。随着社会主义市场经济的不断发展,经济生活中财产的种类丰富多样，新的财产类型不断出现，总则编也规定了各种财产权的种类，没有必要在继承编重复列明各种财产类型为遗产的范围。因此，本条概括规定了遗产的范围，即遗产是自然人死亡时遗留的个人合法财产。理解遗产的范围需要从三个方面把握：第一，遗产首先是财产或财产性权益，非财产性权利（人格权、人身权或相关权益）不得作为遗产继承；第二，遗产必须是合法的财产权，非法的财产权不属于遗产的范围；第三，遗产必须是被继承人个人的财产，非个人财产不属于遗产的范围。我国有些财产性权益属于家庭共有，而非属于个人。比如，土地承包经营权、宅基地使用权等，根据农村土地承包法、土地管理法的相关规定，获得土地承包经营权、宅基地使用权的主体是以户为单位，并不是属于某个家庭成员。

二、不得继承的遗产

本条在规定可以继承的遗产同时，还进一步明确不得继承的遗产范围。第2款规定，依照法律规定或者根据其性质不得继承的遗产，不得继承。原因在于，能被继承的遗产应当是能够转由他人承受的财产，有些个人财产性权益虽然合法，但由于法律上的特殊性质，不宜或者不能由他人承继，在这种情况下，法律有必要将其排除在可继承的遗产范围外。根据本款规定，主要有两类：第一类是根据其性质不得继承的遗产，这主要是与被继承人人身有关的专属性权利，如被继承人所签订的劳动合同上的权利义务，被继承人所签订的演出合同上的权利义务。第二类是根据法律规定不得继承的遗产。根据总则编第8条的规定，民事主体从事民事活动，不得违反法律，不得违背公序良俗。如果法律有明确规定某些财产不得继承，继承人自然不得继承。

> **第一千一百二十三条** 继承开始后,按照法定继承办理;有遗嘱的,按照遗嘱继承或者遗赠办理;有遗赠扶养协议的,按照协议办理。

❖ 条文主旨 ❖

本条是关于法定继承、遗嘱继承和遗赠、遗赠扶养协议间效力的规定。

❖ 条文解读 ❖

一、遗产的处理方式

作为所有权人,每个人都可以按照自己的意愿处分自己所有的财产。被继承人也同样如此,可以在生前对自己所有的财产提前做安排与处理。根据继承方式与被继承人的意思是否有关,继承可以分为遗嘱继承和法定继承。遗嘱继承就是根据被继承人生前所立合法有效的遗嘱指定特定继承人继承遗嘱。法定继承就是被继承人未立遗嘱或者所立遗嘱未处分的部分遗产,根据法律规定由特定范围的继承人按照法律规定的顺序、份额等继承。

当然,被继承人的遗产还可以因被继承人自己生前的意思而由继承人以外的人取得,有两种方式:第一种是遗赠,即被继承人在遗嘱中明确自己死后将遗产的全部或者部分赠与某人;第二种是遗赠扶养协议,遗赠扶养协议是我国特有的一种遗产处理方式,是自然人与继承人以外的组织或者个人签订协议,由该组织或者个人负责自然人的生养死葬,并在该自然人死后获赠其遗产。

因此,被继承人可以通过不同的方式处理自己的遗产,既可以在生前立遗嘱处分自己的遗产,也可以与他人签订协议处分自己的遗产，还可以不做任何意思表示而根据法律规定处理遗产。

二、法定继承、遗嘱继承或者遗赠、遗赠扶养协议间的效力

本条规定，继承开始后，按照法定继承办理；有遗嘱的，按照遗嘱继承或者遗赠办理；有遗赠扶养协议的，按照协议办理。

首先，继承开始后，按照法定继承办理。在通常情况下，如果被继承人生前没有留有有效的遗嘱，继承开始后，就需要启动法定继承制度，根据继承编所规定的继承人范围、顺序、遗产分配方法等，确定各继承人之间所得遗产的数额。这是最为常见的继承方式。

其次，有遗嘱的，按照遗嘱继承或者遗赠办理。如果被继承人生前留下了合法有效的遗嘱，被继承人的财产就需要优先根据遗嘱的内容来分配。有遗嘱的包括两种情况：第一种就是遗嘱指定了特定的继承人继承，此时，就需要启动遗嘱继承程序，按照遗嘱的要求来分配遗产；第二种就是被继承人通过遗嘱将遗产赠与继承人以外的个人或者组织，处理遗产就必须尊重被继承人的意思。被继承人的遗嘱可能是处理了自己的所有遗产，也可能是处理了部分遗产。不管哪种情况，只要有遗嘱，就优先按照遗嘱的指示来分配所涉及的部分遗产。法定继承是在被继承人意思缺位时，立法按照男女平等、养老育幼、权利义务相一致等公平合理的规则分配被继承人的遗产。

最后，有遗赠扶养协议的，按照协议办理。遗赠扶养协议是自然人生前与继承人以外的个人或者组织签订的协议。当事人之间签订的协议，双方当事人都必须遵守。在遗赠扶养协议中，扶养人有负责被扶养人生养死葬的义务，同时享有获得遗赠的权利；被扶养人生前有权要求扶养人照顾自己，同时也有义务在死亡后将自己的遗产赠与扶养人。从法律性质上讲，遗赠扶养协议是一种双务合同。这种协议体现了被扶养人生前的自主意思，应当尊重，同时这种双务合同体现了双方当事人的意思，理应比仅体现一方意思的遗嘱效力优先。因此，在自然人生前与他人签订了遗赠扶养协议时，应当依遗赠扶养协议优先处理所涉遗产。由于双方当事人可以事先约定扶养人受遗赠的财产范围，超过此范围的遗产，如果被扶养人立有遗嘱，则应当按照遗嘱处理。如果没有遗嘱，则应当按照法定继承办理。需要注意的是，如果对于同一财产，遗赠扶养协议和遗赠都涉及时，应当优先按照遗赠扶养协议处理。

❖ **案例分析** ❖

张甲夫妇及其子张乙与杨丙系邻居。自1950年以来，杨丙一直独居，张家三口与杨丙相处非常友好，常年照顾杨丙。尤其是在杨丙患病期间，张家三口更是如亲人般地尽心陪护。远在外地的杨丙之子杨丁直至2011年11月才与杨丙取得联系，并偶尔探望杨丙。2012年初，杨丙因年迈患病再次住院治疗。张家三口尤其是张乙全力照料，杨丙深受感动。杨丙在重症病危之时曾当着病友及主治医生、护士的面表示，自己亡故后将把所有的房产赠与张乙。2012年3月，杨丙去世。杨丁系杨丙的唯一继承人，故欲将杨丙所有的房产过户给自己。张乙根据杨丙在医院的口头遗嘱主张该房产的受遗赠权。双方遂诉至法院。法院根据证人证言，认定杨丙在住院期间作出的将房产赠与张乙的意思表示真实有效，其口头遗嘱合法有效。法院依法判决，杨丙所有的房产归张乙所有，口头遗嘱未处分的其余财产由杨丁继承。

本案中，双方诉争的焦点问题在于，杨丙死亡时所遗留的房产，究竟应按照法定继承由其子杨丁继承，还是应按照遗嘱处理由张乙取得。根据法律规定，自然人死亡后，有遗赠抚养协议的，应当先按照协议办理；有遗嘱的，应当先按照遗嘱办理；既没有遗赠抚养协议，也没有遗嘱的，则按照法定继承办理。因杨丙在住院时曾有口头遗嘱，口头遗嘱作出遗赠的意思表示，故应尊重其自主处分遗产的意愿。遗嘱处分的效力优先于法定继承，故法院判定杨丙的房产应按照遗嘱处理。杨丙的其余遗产，由于并无遗嘱，故应按照法定继承办理，由杨丙唯一继承人杨丁继承。

> **第一千一百二十四条** 继承开始后，继承人放弃继承的，应当在遗产处理前，以书面形式作出放弃继承的表示；没有表示的，视为接受继承。
>
> 受遗赠人应当在知道受遗赠后六十日内，作出接受或者放弃受遗赠的表示；到期没有表示的，视为放弃受遗赠。

❖ **条文主旨** ❖

本条是关于继承、受遗赠的接受与放弃的规定。

❖ **条文解读** ❖

一、继承的放弃与接受

向遗产管理人作出放弃继承就是继承人作出不接受继承、不参与遗产分割的意思表示。放弃继承的继承人既可以是遗嘱继承人，也可以是法定继承人。放弃继承的意思表示可以是继承人本人作出，也可以通过其代理人作出。继承权是继承人依法享有的一种权利，继承人可以放弃，也可以不放弃，应当尊重继承人的内心意思，任何人不得胁迫、欺诈他人放弃继承。

根据本条第1款的规定，放弃继承必须在特定时间作出，即继承开始后，遗产处理前。继承人放弃继承必须在此时间段作出，既不能在继承尚未开始前放弃，也不能在遗产分割之后放弃。本法第1121条第1款规定，继承从被继承人死亡时开始。因此，放弃继承必须在被继承人死亡后放弃。如果被继承人尚未死亡，继承人就作出放弃继承的意思表示，这种放弃是无效的。放弃必须在遗产处理前作出，在遗产处理之后，遗产的所有权已经转移给继承人，此时继承人放弃的不是继承，而是所继承遗产的所有权。

继承人放弃继承，必须以书面方式作出。一方面，放弃继承意味着继承人不参与遗产分割，是对自己权利的重大处分，要求继承人以书面方式作出，也可以让继承人三思而行，谨慎作出。另一方面，放弃继承后，继承人不再参与遗产分割，其他继承人将可以获得更多的遗产份额，为了避免当事人之间就遗产分割发生争议，以书面方式作出，更有利于保留证据。继承人放弃继承的书面意思表示，可以向遗产管理人作出，也可以在涉遗产的诉讼中向人民法院作出，还可以向其他继承人作出。

放弃继承必须以明示方式作出，不得以默示方式作出。根据本款规定，继承人在继承开始后，遗产处理前，对是否接受继承没有表示的，视为接受继承。这与大多数国家的立法一样。

继承人放弃继承后，其即不参与遗产分配。如果是遗嘱继承的继承人放弃继承，根据第1154条第1项的规定，所涉遗产即按照法定继承办理；如果是法定继承人放弃继承，那么该继承人本应分得的遗产份额就应由其他继承人分割。继承人放弃继承，放弃的效力溯及继承开始之时。

二、受遗赠的接受与放弃

本条第2款规定，受遗赠人应当在知道受遗赠后60日内，作出接受或者放弃受遗赠的表示；到期没有表示的，视为放弃受遗赠。

作出接受或者放弃受遗赠的期限为 60 日，即从受遗赠人知道受遗赠后的 60 日内作出。在继承编草案审议过程中，有的意见提出，应适当延长期限，建议修改为 6 个月。考虑到受遗赠人为继承人以外的人，属于外人，如果给予过长的时间决定是否接受遗赠，会使得遗产长期处于不确定状态，且 60 日的期限是从受遗赠人知道之日起算，已经足够一个人理性作出判断。因此，未对此期限作出修改。

接受遗赠必须以明示的方式作出意思表示，受遗赠人在法定期限不作出意思表示的视为放弃。在本编草案审议过程中，有的意见提出，受遗赠人作出接受与放弃的意思表示也应当以书面方式作出，不作出的视为接受遗赠。自然人以遗嘱方式作出遗赠虽然是单方行为，但从法律的本质上而言，遗赠行为在某种程度上应当视为一种双方法律行为，遗赠人作出赠与的意思表示，受遗赠人需要接受，双方意思达成一致方能成立，遗赠人不得将自己的意思强加给另一方。因此，如果受遗赠人在法定期限内不作任何意思表示，赠与的合意难以形成，法律不宜强迫当事人达成合意，故不宜规定受遗赠人不作出接受表示即视为接受。同时，考虑到接受遗赠属于行使权利的行为，不宜对当事人要求过高，在形式上法律不宜作硬性规定，只要受遗赠人作出意思表示即可，不必非得以书面方式作出。

> **第一千一百二十五条** 继承人有下列行为之一的，丧失继承权：
> （一）故意杀害被继承人；
> （二）为争夺遗产而杀害其他继承人；
> （三）遗弃被继承人，或者虐待被继承人情节严重；

> （四）伪造、篡改、隐匿或者销毁遗嘱，情节严重；
> （五）以欺诈、胁迫手段迫使或者妨碍被继承人设立、变更或者撤回遗嘱，情节严重。
> 继承人有前款第三项至第五项行为，确有悔改表现，被继承人表示宽恕或者事后在遗嘱中将其列为继承人的，该继承人不丧失继承权。
> 受遗赠人有本条第一款规定行为的，丧失受遗赠权。

❖ **条文主旨** ❖

本条是关于继承权丧失的规定。

❖ **条文解读** ❖

继承权丧失，是指继承人因对被继承人或者其他继承人实施了法律所禁止的行为，而依法被取消继承被继承人遗产的资格。继承权丧失意味着继承人不再享有获得被继承人遗产的权利，继承人在继承开始后可以自主决定放弃继承权，但继承权丧失是法律规定取消继承权的情形。

一、丧失继承权的法定事由

本条第1款规定，丧失继承权的法定事由包括以下五种：

一是故意杀害被继承人。所谓故意杀害就是故意剥夺他人生命。首先，在主观上，存在杀人的故意，但不包括过失犯罪，也不包括过失或者因正当防卫致被继承人死亡。犯罪动机上，不论继承人是否为了取得被继承人的遗产。其次，故意犯罪的对象必须是被继承人。最后，在客观上实施了杀害行为。只要继承人实施了故意杀害被继承人的犯罪行为，不论犯罪是既遂还是未遂，都将丧失继承权。

二是为争夺遗产而杀害其他继承人。首先，在主观上，继承人必须有杀害的故意,且动机为争夺遗产。其次,在客体上,所侵害的必须是其他继承人的生命。最后,在客观上,也是实施了杀害的行为,当然不论这种犯罪行为是否既遂,都构成丧失继承权的法定事由。

三是遗弃被继承人,或者虐待被继承人情节严重。本项包括两种情况:第一种是遗弃被继承人。需要注意的是,只要行为人实施了遗弃被继承人的行为,而不论这种行为是否严重,即依法失去继承权。遗弃被继承人的行为也可能构成犯罪。第二种是虐待被继承人。如果继承人虐待被继承人情节严重,则构成丧失继承权的法定事由。继承人虐待被继承人情节是否严重,可以从实施虐待行为的时间、手段、后果和社会影响等方面判断。需要注意的是,实施本项规定的两种行为的,只要实施了遗弃行为、虐待被继承人情节严重的,就可以认定丧失继承权,而不需要继承人必须达到构成遗弃罪和虐待罪的程度。

四是伪造、篡改、隐匿或者销毁遗嘱,情节严重。遗嘱是遗嘱人处分自己遗产的意思表示。自然人有处分自己财产的权利,有遗嘱自由。如果遗嘱被他人篡改、隐匿或者销毁,这歪曲了遗嘱人的真实意思,伪造遗嘱更是如此。因此,为尊重被继承人的遗愿,本项规定伪造、篡改、隐匿或者销毁遗嘱情节严重的,也构成丧失继承权的法定事由。所谓伪造,就是被继承人未立遗嘱,继承人无中生有地假冒被继承人所立遗嘱。所谓篡改,就是对被继承人所立的遗嘱的部分内容予以修改。所谓隐匿,就是将被继承人的遗嘱予以藏匿,不告知其他继承人或者遗产管理人。所谓销毁,就是将被继承人所立的合法有效的遗嘱予以损毁以致灭失。伪造、篡改、隐匿、销毁遗嘱的,都需要情节严重方可以成为丧失继承权的原因。所谓情节严重,可以是继承人通过伪造、篡改、隐匿或者销毁遗嘱的行为侵占了被继承人的巨额遗产,也可以是导致其他继承人未能参与遗产分割以致生活困难等。

五是以欺诈、胁迫手段迫使或者妨碍被继承人设立、变更或者撤回遗嘱，情节严重。所谓欺诈，是指继承人故意欺骗被继承人，使被继承人陷入错误判断，并基于此错误判断而立遗嘱、变更遗嘱内容或者撤回所立遗嘱。所谓胁迫，就是继承人通过威胁、恐吓等不法手段对被继承人思想上施加强制，由此使被继承人产生恐惧心理并基于恐惧心理而立下遗嘱、修改遗嘱内容或者撤回所立遗嘱。不论继承人是采取欺诈手段，还是通过胁迫手段，只要导致被继承人的真实意思歪曲，情节严重的，就构成丧失继承权的法定事由。

二、继承权的恢复

继承人虽然实施了某些丧失继承权的行为，但只要被继承人对其表示宽恕或者在遗嘱中仍将其列为继承人，其丧失的继承权即可以恢复。继承权恢复的前提条件是：

第一，继承人是因为实施了前款第3项至第5项的行为而丧失继承权，即继承人丧失继承权是因为遗弃被继承人，虐待被继承人情节严重，伪造、篡改、隐匿或者销毁遗嘱情节严重，或者以欺诈、胁迫手段迫使或者妨碍被继承人设立、变更或者撤回遗嘱情节严重。只有因为此三类事由丧失继承权的，方可以恢复。如果继承人因为故意杀害被继承人或者为争夺遗产杀害其他继承人而丧失继承权的，则不论如何是不能再恢复继承权的。

第二，继承人确有悔改。所谓确有悔改，就是继承人在实施上述行为后，从内心认识到自己的错误，并积极主动改正。比如，曾经遗弃被继承人，后醒悟认识到自己的错误，即承担起养老育幼、相互扶助的义务，以实际行动赡养、扶养、抚养被继承人；或者继承人隐匿了遗嘱后，承认错误而交出遗嘱。认定继承人是否确有悔改，应该结合其行为及内心的主观认识来判断，不能仅仅从表面的行为分析，既要有悔改的外在行为，还要有内在的主观态度改正。

第三，被继承人作出了恢复继承权的意思表示。被继承人可以通过两种方式恢复继承人丧失的继承权。第一种就是被继承人表示宽恕，即被继承人原谅继承人所犯的错误，并予以饶恕。被继承人宽恕的意思表示既可以是以书面方式作出，也可以是口头的，只要其有此意思表示即可。宽恕的意思表示可以是向丧失继承权的继承人作出，也可以是向其他人作出。第二种就是被继承人在遗嘱中仍将丧失继承权的继承人列为继承人。遗嘱的形式不限，只要是合法有效的遗嘱即可。在遗嘱中列为继承人，不一定是指定其为遗嘱继承人，也可以是在遗嘱中确定继承人仍可以参与法定继承的遗产分割。宽恕制度的目的是尊重被继承人的真实意思。如果继承人实施了第1款后3项规定的行为，即便其确有悔改，如果被继承人未作出恢复继承权的意思表示，其继承权仍无法恢复。

三、丧失受遗赠权

本条第3款规定，受遗赠人有本条第1款规定行为的，丧失受遗赠权。赠与虽然是单方法律行为，受赠人无须有积极的作为义务，但是根据合同法原理，如果受赠人实施了某些不利于赠与人或赠与人近亲属的行为，赠与人是可以撤销赠与的。遗赠同样如此，根据本款规定，如果受遗赠人实施了第1款的行为的，受遗赠人将丧失受遗赠权。需要注意的是，丧失受遗赠权属于绝对丧失，受遗赠人一旦实施了第1款规定的行为，即永久丧失受遗赠权，不得再恢复。

❖ **案例分析** ❖

1987年蔡甲与周乙结婚，婚后育有一女蔡丙、一子蔡丁。1995年，蔡甲身患重病，周乙遂带蔡丙离开，留下尚未成年的蔡丁照顾蔡甲。周乙离开后在未与蔡甲离婚的情况下又与他人共同生活,并育有一子。蔡甲因丧失劳动能力,带着年幼的蔡丁,生活一直颇为窘困,靠邻居救济方将蔡丁抚养成年。2015年初,蔡甲因购买彩票中得巨额奖金,蔡甲即购置房产若干。2016年12月,蔡甲因交通事故死亡,生前未留遗嘱。周乙获悉蔡甲死亡后,提出自己和蔡丙要继承蔡甲的遗产。蔡丁觉得周乙曾遗弃父亲和年幼的自己,对其本人及其父造成极大伤害,故拒绝周乙的要求。双方诉至法院。

人民法院审理后认为,周乙与蔡甲虽在法律上存在夫妻关系,系蔡甲之配偶,本应依法享有继承权。但周乙作为配偶本应扶助蔡甲,作为母亲本应抚养蔡丁,却在蔡甲身患重病丧失劳动能力之时,离家出走20余年,导致蔡甲、蔡丁生活陷入困境。且周乙在未离婚时即与他人同居,直至蔡甲去世方返回,不仅对家庭毫无贡献,还对蔡甲、蔡丁精神上造成严重伤害。周乙的行为构成对被继承人蔡甲的遗弃,根据法律的规定,继承人遗弃被继承人情节严重的丧失继承权。故周乙依法丧失继承权。至于蔡丙,由于年幼即被周乙带离家庭,未能与父亲蔡甲、弟弟蔡丁共同生活,主观上并无过错。但其成年后也未对父亲、弟弟尽到照顾义务,在继承遗产时依法应予少分。法院判决周乙无权继承蔡甲的遗产,蔡甲的遗产由蔡丙、蔡丁按2∶8的比例继承。

第二章 法定继承

本章共七条,规定了继承权男女平等、法定继承人的范围以及顺序、代位继承、尽了主要赡养义务的丧偶儿媳或者丧偶女婿的继承地位、遗产份额的分配原则、酌给遗产制度、处理继承问题的精神以及遗产分割方式等内容。

第一千一百二十六条　继承权男女平等。

❖ **条文主旨** ❖

本条是关于继承权男女平等原则的规定。

❖ **条文解读** ❖

新中国成立后，我国妇女地位得到了根本性改变，为实现继承权男女平等提供了有利的条件，也在客观上要求法律保护男女平等的继承权。新中国成立后相继颁布的法律也突出了对妇女权益的保护：1950年颁布的婚姻法规定了男女权利平等，夫妻之间、父母子女之间有互相继承遗产的权利。1982年通过的宪法规定，中华人民共和国妇女在政治的、经济的、文化的、社会的和家庭的生活等各方面享有同男子平等的权利。1985年颁布的继承法规定，继承权男女平等。1986年颁布的民法通则规定，妇女享有同男子平等的民事权利。1992年颁布的妇女权益保障法规定，实行男女平等是国家的基本国策。国家采取必要措施，逐步完善保障妇女权益的各项制度，消除对妇女一切形式的歧视。

在民法典的编纂过程中，有的意见提出，继承法第9条"继承权男女平等"的规定仅具有宣示意义，建议删去。考虑到实践中可能还存在一些重男轻女现象，为了彰显立法平等保护男女权益的价值导向，发挥法律引导和规范现实生活和司法实践的作用，民法典继承编保留了继承法的规定。

"继承权男女平等"原则体现在以下几个方面：

1. 继承权的取得不因自然人的性别不同而不同。妇女同男子享有平等的继承权，不因妇女的婚姻、工作状况而有所差别。

2. 确定法定继承人的范围及继承顺序、继承份额不因自然人的性别不同而不同。继承编规定的法定继承人范围中，既有男性又有女性。继承顺序不因男女而有差别，在同一亲等内，适用于男性的继承顺序同样适用于女性。在继承份额上，如果没有法律规定的多分、少分或者不分遗产的情形，同一顺序的继承人继承遗产的份额一般应当均等，不能以性别不同作为划分遗产多少的依据。

3. 代位继承不因自然人的性别不同而不同。对于代位继承，凡适用于男性的继承，同样适用于女性；适用于父系的继承，也同样适用于母系。

4. 在夫妻财产继承中，夫妻继承地位平等，处分所继承的财产的权利平等。夫妻彼此是对方的第一顺位法定继承人。根据本编规定，夫妻共同所有的财产，除有约定的外，遗产分割时，应当先将共同所有的财产的一半分出为配偶所有，其余的为被继承人的遗产。即在没有另外约定时，夫妻共同财产的一半为被继承人的遗产，不因性别不同而有所差异。夫妻一方死亡后另一方再婚的，有权处分所继承的财产，任何组织或者个人不得干涉。

> **第一千一百二十七条** 遗产按照下列顺序继承：
> （一）第一顺序：配偶、子女、父母；
> （二）第二顺序：兄弟姐妹、祖父母、外祖父母。
> 继承开始后，由第一顺序继承人继承，第二顺序继承人不继承；没有第一顺序继承人继承的，由第二顺序继承人继承。
> 本编所称子女，包括婚生子女、非婚生子女、养子女和有扶养关系的继子女。
> 本编所称父母，包括生父母、养父母和有扶养关系

> 的继父母。
> 本编所称兄弟姐妹，包括同父母的兄弟姐妹、同父异母或者同母异父的兄弟姐妹、养兄弟姐妹、有扶养关系的继兄弟姐妹。

❖ **条文主旨** ❖

本条是关于法定继承人范围及继承顺序的规定。

❖ **条文解读** ❖

法定继承，是指继承人范围、继承顺序、继承份额等均由法律直接规定的继承方式。法定继承与遗嘱继承是继承制度中的两种继承方式，在没有遗赠扶养协议又没有遗嘱的情况下，被继承人的遗产按照法定继承处理。法定继承有以下特征：一是具有身份性，法定继承人的范围是基于一定的身份关系而确定，一般以血缘、婚姻关系为基础；二是具有法定性，法定继承中有关继承人的范围、继承顺序等的规定具有强行性，不得由当事人变更。法定继承人范围及继承顺序是法定继承的重要内容，本条基本保留了继承法第10条的规定，对法定继承人的范围和继承顺序作了规定。

一、关于法定继承人的范围

法定继承人的范围，是指应当赋予哪些人以法定继承权从而使其依法定继承方式继承被继承人的遗产。对于法定继承人的范围，各国一般都以婚姻和血缘关系为基础，但是具体范围宽窄不一。根据本条规定，我国法定继承人的范围包括：配偶、子女、父母、兄弟姐妹、祖父母、外祖父母，根据本法第1129条的规定，对公婆尽了主要赡养义务的丧偶儿媳和对岳父母尽了主要赡养义务的丧偶女婿也是法定继承人。

二、关于法定继承的顺序

法定继承的顺序，是指法律规定的法定继承人继承遗产的先后次序。由于法定继承人通常为多人，法律需要明确法定继承人之间应当优先取得继承的人选。一般而言，被继承人与继承人之间血缘关系的远近及共同生活关系的密切程度是各国法律确定法定继承顺序的主要依据。法定继承顺序具有优先性和排他性，只有在没有前一顺序的继承人继承时，后一顺序的继承人才能继承遗产。

根据本条规定，在继承开始后，由被继承人的配偶、子女、父母继承，只要被继承人的第一顺序继承人中有至少一人继承遗产的，第二顺序继承人就不能继承。在第一顺序继承人中，子女的继承还具有特殊性，如果子女先于被继承人死亡，根据代位继承制度，子女的直系晚辈血亲可以代位继承。在这种情况下，视为第一顺序继承人继承，第二顺序继承人不能继承。在没有第一顺序继承人继承时，由第二顺序继承人继承。"没有第一顺序继承人继承"包括第一顺序继承人不存在、死亡、丧失继承权、放弃继承等，且不存在适用代位继承的情形的，才由第二顺序继承人继承。

三、对子女、父母和兄弟姐妹的界定

婚姻家庭编从权利义务关系的角度对父母子女关系和其他近亲属关系作了规定。由于在法定继承需要明确哪些人可以继承遗产，因此，需要对子女、父母和兄弟姐妹的具体范围作出界定，继承编规定的子女、父母和兄弟姐妹的范围有其特殊性，因此，这些界定子女、父母和兄弟姐妹的范围的规定只适用于因继承产生的民事关系中。

1. 子女。本条第 3 款规定："本编所称子女，包括婚生子女、非婚生子女、养子女和有扶养关系的继子女。"

各国都规定子女为第一顺序继承人，但是各国对子女范围的界定有所不同。一般而言，子女既包括亲生子女，也包括非亲生子女。亲生子女包括婚生子女与非婚生子女，非亲生子女包括养子女和继子女。出于对子女权利平等原则的遵循，现代国家一般都规定了婚生子女、非婚生子女和养子女都享有平等的继承权。对于继子女而言，一些国家认为继子女与继父母之间互不享有继承权。

在我国，对于非婚生子女，婚姻家庭编规定，非婚生子女享有与婚生子女同等的权利，任何组织或者个人不得加以危害和歧视。对于养子女，婚姻家庭编规定，自收养关系成立之日起，养父母与养子女间的权利义务关系，适用本法关于父母子女关系的规定。对于继子女，婚姻家庭编规定，继父或者继母和受其抚养教育的继子女间的权利义务关系，适用本法关于父母子女关系的规定。根据婚姻家庭编的上述规定可以得出，非婚生子女与其生父母、养子女与其养父母、受继父或者继母抚养教育的继子女与其继父母的权利义务关系与婚生子女与其父母的权利义务关系没有区别，根据本法父母和子女有相互继承遗产的权利的规定，非婚生子女、养子女、受继父或者继母抚养教育的继子女可以继承其生父母、养父母和继父母的遗产。需要说明的是，继承编界定的子女的范围，要比婚姻家庭编的规定宽泛，因为继承编的规定为"有扶养关系的继子女"，这既包括继子女受继父母抚养的情形，也包括继子女赡养继父母的情形。如果一个继子女在未成年时期并未受其继父母的抚养，但是其对继父母进行了赡养，虽然按照婚姻家庭编的规定该继子女与继父母之间不适用父母子女之间的权利义务关系的规定，但是按照继承编的规定，该继子女可以被认定为其继父母的子女，具有第一顺序继承人的地位，这符合权利义务相一致的原则。

2. 父母。本条第 4 款规定："本编所称父母，包括生父母、养父母和有扶养关系的继父母。"

婚姻家庭编规定父母和子女有相互继承遗产的权利,子女有权继承父母的遗产,父母也有权继承子女的遗产。根据婚姻家庭编的规定,生父母与其非婚生子女、养父母与其养子女、继父母与受其抚养教育的继子女的权利义务关系适用父母子女关系的规定。需要说明的是,继承编界定的父母的范围,要比婚姻家庭编的规定宽泛,因为继承编的规定为"有扶养关系的继父母",这既包括继父母抚养继子女的情形,也包括继父母被继子女赡养的情形。前一种情形根据婚姻家庭编可以适用父母子女关系的规定,后一种情形中如果继子女在未成年时期并未受到继父母的抚养,但其仍赡养继父母的,按照婚姻家庭编该继父母与继子女之间不适用父母子女之间的权利义务关系,但是按照继承编的规定,该继父母可以被认定为其继子女的父母,具有第一顺序继承人的地位。这主要是考虑到与被继承人形成扶养关系的继父母,彼此间有较多的感情和金钱投入,在被继承人死亡后,扶养将无法进行,留有一定的遗产继续对其继父母进行扶养也符合被继承人的意愿。

3. 兄弟姐妹。本条第 5 款规定:"本编所称兄弟姐妹,包括同父母的兄弟姐妹、同父异母或者同母异父的兄弟姐妹、养兄弟姐妹、有扶养关系的继兄弟姐妹。"

兄弟姐妹是被继承人最近的旁系血亲。对于同父异母或者同母异父的兄弟姐妹,大多数国家规定其与同父母的兄弟姐妹继承顺序相同、继承份额也相同,但也有一些国家的立法例规定其继承顺序后于同父母的兄弟姐妹,或者是虽处于同一继承顺序,但继承份额与同父母的兄弟姐妹不同。对于养兄弟姐妹,因收养关系的成立产生法律拟制的血缘关系,亲生子女与养子女以及养子女之间,也是兄弟姐妹。对于继兄弟姐妹,现代国家大多不承认相互之间的继承权。本编承认"有扶养关系的继兄弟姐妹"享有继承权,这既包括受被继承人生前扶养的继兄弟姐妹,也包括扶养被继承人的继兄弟姐妹。

> 第一千一百二十八条 被继承人的子女先于被继承人死亡的,由被继承人的子女的直系晚辈血亲代位继承。
>
> 被继承人的兄弟姐妹先于被继承人死亡的,由被继承人的兄弟姐妹的子女代位继承。
>
> 代位继承人一般只能继承被代位继承人有权继承的遗产份额。

❖ **条文主旨** ❖

本条是关于代位继承的规定。

❖ **条文解读** ❖

继承法第 11 条规定了代位继承制度,即被继承人的子女先于被继承人死亡的,由被继承人的子女的晚辈直系血亲代位继承。代位继承人一般只能继承他的父亲或者母亲有权继承的遗产份额。民法典继承编在继承法第 11 条的基础上作了修改完善。继承法规定的代位继承制度中,被代位继承人仅限于被继承人的子女,代位继承人仅限于被继承人子女的直系晚辈血亲。虽然该规定保障了遗产向被继承人的直系晚辈血亲流转,但是考虑到一些意见认为我国法定继承人的范围狭窄,不利于遗产的流转,容易导致遗产因无人继承而收归国家或者集体所有,因此,有必要扩大被代位继承人的范围。但是,也不能无限制地扩大被代位继承人的范围,否则容易使遗产过多地向较远的旁系扩散。一般来说,兄弟姐妹是被继承人血缘关系最近的旁系血亲,兄弟姐妹具有深厚的情感基础,在一定情况下还能尽扶养扶助义务,而兄弟姐妹的子女即被继承人的侄子女、甥子女,与被继承人在血缘和情感上有较为紧密的联系,让侄子女、甥子女继承遗产符合遗产向晚辈流传的原则,也符合民间传统上继承遗产的习惯。可以通过赋予侄子女、甥子女代位继承的权利间接起到扩大法定继承人范围的效果。为此,在编纂民法典继承编的过程中,扩大了被代位继承人的范围,被继承人的兄弟姐妹也可作为被代位继承人,在其先于被继承人死亡时,其子女可以代位继承。

代位继承制度是法定继承中的一项重要制度,对于保障遗产在各支系中合理分配、发挥遗产育幼功能等方面具有重大作用。代位继承也被称为"间接继承",指具有法定继承权的人因主客观原因不能继承时,由其直系晚辈血亲按照该继承人的继承地位和顺序,继承被继承人遗产的制度。在代位继承中,具有法定继承权的人称为被代位继承人;按照被代位继承人的地位和顺序继承遗产的人称为代位继承人。关于代位继承的法律性质,存在两种学说:一种是代表权说,一种是固有权说。代表权说认为,代位继承是代位继承人代表被代位继承人参加继承,行使被代位继承人的权利,取得被代位继承人应当继承的遗产份额。因此,代位继承权是基于被代位继承人享有的继承权而派生的权利,在被代位继承人丧失或者放弃继承权的情况下,不能由他人代位继承。固有权说认为,代位继承权是法律赋予代位继承人的固有权利,并不是基于被代位继承人的继承权而继承。因此,只要被代位继承人不能继承,代位继承人就可以代位继承。

根据本条规定,我国的代位继承制度有以下主要特征:

一、代位继承的发生原因为被代位继承人先于被继承人死亡

本法规定的代位继承的发生原因为被代位继承人先于被继

承人死亡，主要有两种情况：一种是被继承人的子女先于被继承人死亡；另一种是被继承人的兄弟姐妹先于被继承人死亡。在这里，死亡既包括自然死亡也包括宣告死亡。

对于代位继承的发生原因，主要有三种立法例：一是仅以被代位继承人先于被继承人死亡为代位继承发生的唯一原因；二是以被代位继承人先于被继承人死亡或者丧失继承权为发生代位继承的原因；三是以被代位继承人先于被继承人死亡、丧失继承权或者放弃继承为发生代位继承的原因。

在民法典继承编的编纂过程中，一些意见认为，继承法规定的代位继承的发生原因种类单一，建议增加继承人丧失继承权和放弃继承作为代位继承发生的原因。

我们研究认为，在确定代位继承的发生原因时，要综合考虑被继承人的意愿、遗产应发挥的功能、公序良俗等多方面的因素，允许继承人在丧失继承权时可以由其直系晚辈血亲代位继承，违背丧失继承权制度的目的，容易引发道德风险，也不符合公平正义。对于丧失继承权的继承人的直系晚辈血亲，可以通过酌分遗产请求权以及被继承人立遗嘱的方式，分给其一定的遗产。为此，继承编没有将继承人丧失继承权作为代位继承的发生原因。对于继承人放弃继承的，并不是客观上不能行使继承权，而是对自己权利的一种处分，法律应当尊重当事人的选择。如果允许代位继承，可能违背继承人的意愿，也容易产生纠纷。为此，本法也没有将继承人放弃继承作为代位继承发生的原因。

二、被代位继承人为被继承人的子女或者兄弟姐妹

本法规定的被代位继承人的范围为被继承人的子女或者兄弟姐妹。根据本法第 1127 条的规定，子女包括婚生子女、非婚生子女、养子女和有扶养关系的继子女，兄弟姐妹包括同父母的兄弟姐妹、同父异母或者同母异父的兄弟姐妹、养兄弟姐妹、有扶养关系的继兄弟姐妹。

三、代位继承人为被继承人的子女的直系晚辈血亲或者被继承人的兄弟姐妹的子女

本法规定的代位继承人的范围为被继承人的子女的直系晚辈血亲或者被继承人的兄弟姐妹的子女。需要注意的是：一是被继承人的子女的代位继承人与被继承人的兄弟姐妹的代位继承人的亲等限制有所不同。被继承人子女的代位继承人为其直系晚辈血亲，不受辈份的限制，但是在代位继承时以辈份大者优先。被继承人的兄弟姐妹的代位继承人仅限于其子女，这主要是由于兄弟姐妹属于旁系血亲，如果将旁系血亲的代位继承人的范围规定得过于宽泛，就会使与被继承人没有太多血缘以及情感联系的人取得遗产，因此，要对旁系血亲的代位继承人采取限制。二是代位继承人要根据被代位继承人的地位和顺序继承遗产。被继承人的子女为第一顺序继承人，因此，被继承人的子女的直系晚辈血亲在代位继承时是以第一顺序继承人的身份参与继承。被继承人的兄弟姐妹为第二顺序继承人，被继承人的兄弟姐妹的子女在代位继承时是以第二顺序继承人的身份参与继承，只有在没有第一顺序继承人继承，也没有被继承人的子女的直系晚辈血亲代位继承时，才能根据法律规定代位继承。

四、代位继承的份额一般为被代位继承人有权继承的遗产份额

代位继承的份额是指代位继承人通过代位继承的方式能够取得的遗产份额。本法规定代位继承人一般只能继承被代位继承人有权继承的遗产份额，即被代位继承人如果健在时能继承多少份额，代位继承人也一般只能继承多少份额。代位继承人只能继承被代位继承人有权继承的遗产份额为一般原则，在存在法律规定的多分、少分或者不分等情形时，其继承遗产的份额可能会有所变化，因此本法规定"代位继承人一般只能继承被代位继承人有权继承的遗产份额"。

❖ **案例分析** ❖

原告赵某喜诉称，原告与被告赵某坚、赵某花是兄弟姐妹关系，被告赵某是原告大姐赵某华的女儿。原被告的父母赵某平与胡某英有房屋一套。父母共育有五个子女，大姐赵某华（1984年10月去世）、二姐即被告赵某坚、弟弟赵某记（2006年4月15日去世，未婚无子女）、小妹即被告赵某花。父亲赵某平2006年4月7日去世，母亲胡某英2012年6月去世。胡某英生前在2007年2月立有遗嘱，将案涉房屋的产权及继承份额由原告继承，被告赵某坚也表示将其对上述房屋应继承父亲遗产的份额赠与原告。原告故诉至法院，请求判令继承分割该房屋，并判归原告所有。

被告赵某坚辩称，曾写过将房屋赠与原告，现在不同意赠与，且对母亲写的遗嘱有异议，要求继承房屋。被告赵某花辩称，对母亲写的遗嘱有异议，要求继承房屋。被告赵某辩称，对姥姥写的遗嘱有异议，要求继承房屋。三被告均未提交相关证据。

法院审理查明，胡某英生前与原告赵某喜在案涉房屋共同生活，胡某英于2007年2月14日立有遗嘱，载明：我与丈夫赵某平共同所有的一套房屋，我一直都靠我的大儿子赵某喜照料生活，我去世后愿将我拥有的上述房产的产权及继承份额由大儿子赵某喜继承并归他一人所有。该遗嘱由某区法律服务所兰某代书，由焦某见证，并由该法律服务所出具法律见证书。2017年2月18日赵某坚出具证明，载明：我父亲赵某平遗留的房产，我放弃我的继承权，把我这份继承权赠与我弟赵某喜所有。在本案审理过程中，赵某坚表示撤销赠与，要求继承房屋。

法院认为，本案被继承人赵某平、胡某英先后去世，其子女作为继承人依法享有相应的继承权，因长女赵某华先于被继承人去世，其女儿赵某享有代位继承权。本案所涉房屋，是赵某平、胡某英的夫妻共同财产。胡某英生前立有代书遗嘱，将其享有的该房屋的份额及继承份额由原告赵某喜继承，该遗嘱符合法律规定，本院予以认定。赵某平、胡某英对该房屋各享有 1/2 的份额，赵某平去世后，胡某英、赵某喜、赵某记、赵某、赵某坚、赵某花对该房屋各享有 1/2×1/6 即 1/12 的继承权。赵某记于 2006 年 4 月 15 日去世后，其享有的 1/12 的继承权由其母亲胡某英继承，据此胡某英的遗产为房屋 1/2 + 1/12 + 1/12 即 8/12 的继承份额，根据胡某英遗嘱，该 8/12 的份额应由原告赵某喜继承，故赵某喜应继承份额为 1/12 + 8/12 即 9/12，被告赵某坚、赵某花、赵某各享有 1/12 的继承份额。根据各自的继承情况、原告居住该房屋的事实，法院认定涉案房屋归原告赵某喜所有，原告赵某喜按房屋的价值向三被告支付补偿。

> 第一千一百二十九条 丧偶儿媳对公婆，丧偶女婿对岳父母，尽了主要赡养义务的，作为第一顺序继承人。

❖ **条文主旨** ❖

本条是关于尽了主要赡养义务的丧偶儿媳、丧偶女婿的继承地位的规定。

❖ **条文解读** ❖

继承法第 12 条规定，丧偶儿媳对公、婆，丧偶女婿对岳父、岳母,尽了主要赡养义务的,作为第一顺序继承人。

在民法典继承编的编纂过程中,对于这一规定争议较大,主要有三种意见:

有的意见认为,应当取消这一规定。法定继承人一般为配偶和有血缘关系的亲属,儿媳与公婆、女婿与岳父母是姻亲关系,姻亲不应当属于法定继承人。并且无论丧偶与否,儿媳对公婆、女婿对岳父母在法律上都无赡养义务,通过立法来规范本属于道德范畴的问题不科学。在被继承人没有负有法定义务的赡养人时,被继承人生前的赡养可以通过遗赠扶养协议等途径解决。丧偶儿媳和丧偶女婿基于此条规定成为法定继承人,同时他们的子女可以根据代位继承的规定参与继承,这样,丧偶一方就可以取得两份遗产,对被继承人的其他子女有失公平。对丧偶儿媳、丧偶女婿,可以通过酌情分给适当遗产的方式解决。

有的意见认为,这一规定应当予以保留。继承法的这一规定在实践中效果很好,广受好评,不能因为其他国家没有规定就加以废弃。丧偶儿媳、丧偶女婿要成为法定继承人,是有严格的条件限制的,一是在时间上,要对公婆或者岳父母有长期性、经常性的赡养,直至其身故;二是在程度上,这种赡养是公婆或者岳父母的主要生活支柱。满足这两个要求的丧偶儿媳、丧偶女婿作为第一顺序继承人参加继承,完全合情合理。如果儿媳、女婿在丧偶的情况下不仅承担起养育子女的责任,还对被继承人尽了主要赡养义务,而被继承人的其他子女却只承担了次要赡养义务甚至不尽赡养义务,那么在财产继承时有所差别也符合公平原则[①]。

[①] 公平原则:它要求当事人在民事活动中应以社会正义、公平的观念指导自己的行为、平衡各方的利益,要求以社会正义、公平的观念来处理当事人之间的纠纷。

有的意见认为，继承法的这一规定虽不尽合理，但为了达到赡养老人、淳化社会风俗的目的，又确有保留的必要，可以作一定修改，建议修改为：丧偶儿媳对公、婆，丧偶女婿对岳父、岳母，尽了主要赡养义务，没有代位继承人的，作为第一顺序继承人；有代位继承人的，可以分给他们适当的遗产。

我们研究认为，法定继承人一般与被继承人存在血亲、婚姻关系，继承法除了高度重视这两种关系外，还高度重视扶养关系在继承中所起的作用。尽了主要赡养义务的丧偶儿媳和丧偶女婿可以作为第一顺序继承人参与继承，这被认为是我国法定继承制度中的一个重要特色，符合社会主义核心价值观，符合中华民族传统家庭美德和公序良俗，有利于弘扬优良家风，促进家庭内部互助友爱、团结和睦，使老年人能够老有所养。同时，这一规定也充分符合权利义务相一致的原则。在相关的调研活动中，基层群众普遍认为这一规定在实践中效果很好，具有倡导性作用，应当坚持。为此，民法典继承编对继承法中关于尽了主要赡养义务的丧偶儿媳、丧偶女婿的继承地位的规定予以了保留。

根据本条规定，对公婆尽了主要赡养义务的丧偶儿媳和对岳父母尽了主要赡养义务的丧偶女婿，属于法定继承人，并且为第一顺序继承人。是否尽了主要赡养义务，需要结合相关因素判断：一是在时间上，要对公婆或者岳父母有长期性、经常性的赡养，直至其身故；二是在程度上，这种赡养是公婆或者岳父母的主要生活支柱。

> 第一千一百三十条　同一顺序继承人继承遗产的份额，一般应当均等。
>
> 对生活有特殊困难又缺乏劳动能力的继承人，分配遗产时，应当予以照顾。

> 对被继承人尽了主要扶养义务或者与被继承人共同生活的继承人,分配遗产时,可以多分。
>
> 有扶养能力和有扶养条件的继承人,不尽扶养义务的,分配遗产时,应当不分或者少分。
>
> 继承人协商同意的,也可以不均等。

❖ **条文主旨** ❖

本条是关于法定继承中遗产份额的分配原则的规定。

❖ **条文解读** ❖

继承法在规定继承人应当取得的遗产份额时未区分血亲继承人和配偶继承人,继承法第13条第1款规定:"同一顺序继承人继承遗产的份额,一般应当均等。"第13条第2款至第5款规定了在某些特殊的情况下,同一顺序继承人继承遗产的份额可以不均等。

在民法典的编纂过程中,对于继承法规定的法定继承中遗产份额的分配原则大多持肯定意见,认为这一规定基于继承权平等的原则,规定继承份额原则上应当均等,同时在具体分配遗产时,考虑到那些特别需要遗产的人以及对被继承人所尽义务较多的人,防止了绝对平均主义,体现出真正的公平保护。坚持了原则性和灵活性的结合,既符合我国的实际情况,又符合被继承人的愿望,有利于发扬中华民族的优良传统,促进家庭和睦团结。为此,民法典继承编沿袭了继承法第13条关于法定继承中遗产份额的分配原则。

当继承遗产的法定继承人只有一人,就由该法定继承人继承全部遗产,不会发生遗产份额的分配问题。但是如果存在多个同一顺序的法定继承人,就应当确定多个法定继承人之间所应继承的遗产份额，这就涉及法定继承中遗产份额的分配问题，即法定应继份制度。法定应继份额，是指多个法定继承人在继承过程中依法分配遗产时，法律规定其应当取得的遗产份额。根据本条规定，对于法定继承中遗产份额的分配应当遵循以下原则：

一、一般情况下同一顺序继承人继承遗产的份额应当均等

本条第1款为法定继承中分配遗产份额应当遵循的一般原则，即遗产按照同一顺序继承人的人数平均分配，各继承人取得的遗产份额均等，不因其他因素而有所不同。同一顺序的继承人之间继承权是平等的，不应有所差异，继承遗产的份额均等是对继承权平等原则的体现。

二、特殊情况下同一顺序继承人继承遗产的份额可以不均等

本条第2款至第5款规定了在某些特殊的情况下，同一顺序继承人继承遗产的份额可以不均等，主要有以下四种情况：

1. 对生活有特殊困难的缺乏劳动能力的继承人，分配遗产时，应当予以照顾。这一规定体现出遗产在被继承人死亡后起到继续扶养继承人的功能，同时也体现了我国家庭成员之间团结互助的优良传统。应当予以照顾的继承人必须同时满足以下两个条件：一是生活有特殊困难，而不是有一般困难，例如，继承人生活上没有独立的经济来源或者经济收入难以维持当地最低生活水平而导致生活有特殊困难；二是缺乏劳动能力，根本无法通过参加劳动改变生活困难的局面。对于生活有特殊困难的缺乏劳动能力的继承人，在分配遗产时，本法规定"应当予以照顾"，这实际上也为其他继承人在分配遗产时施加了对该继承人予以照顾的义务。

2. 对被继承人尽了主要扶养义务或者与被继承人共同生活的继承人，分配遗产时，可以多分。对被继承人尽了主要扶养义务的继承人是指对被继承人在经济上提供主要来源或者在生活上给予主要照顾的继承人,在遗产分配时给予这类继承人适当倾斜,有利于鼓励尊老育幼,也符合权利义务相一致原则。与被继承人共同生活的继承人,相较其他继承人而言,与被继承人在经济上、生活上、情感上存在更为密切的关系,因此,也可以多分遗产,这一般也符合被继承人的意愿。

3. 有扶养能力和有扶养条件的继承人,不尽扶养义务的,分配遗产时,应当不分或者少分。对于这类继承人不分或者少分遗产必须符合以下两个条件:一是继承人有扶养能力和扶养条件。如果继承人自身无生活来源或者缺乏劳动能力等,根本不具备扶养被继承人的能力和条件,则不属于应当不分或者少分遗产的情形。二是继承人不尽扶养义务。继承人是否尽到了扶养义务一般是从客观上来判断,但是实践中也存在继承人有扶养能力和扶养条件,愿意尽扶养义务,但是被继承人因有固定收入和劳动能力,明确表示不要求其扶养的情形。在这种情况下,尽管继承人客观上并没有扶养被继承人,但是在分配遗产时,一般不应当以此为依据对该继承人不分或者少分遗产。如果被继承人生前需要继承人扶养,继承人有扶养能力和扶养条件却不尽扶养义务的,不仅违反公序良俗原则,而且还违反法律的规定,情节严重的甚至构成刑事犯罪,对这部分继承人,应当不分或者少分遗产,情节严重的还应当丧失继承权。

4. 继承人协商同意的,也可以不均等。法定继承人之间本着互谅互让、和睦团结的精神,可以协商分配被继承人的遗产。本法充分尊重当事人之间的意思自治。各法定继承人经协商一致,同意不均分遗产的,继承份额也可以不均等。

> **第一千一百三十一条** 对继承人以外的依靠被继承人扶养的人,或者继承人以外的对被继承人扶养较多的人,可以分给适当的遗产。

❖ 条文主旨 ❖

本条是关于对继承人以外的与被继承人之间具有扶养关系的人分给适当遗产的规定。

❖ 条文解读 ❖

法定继承制度具有身份性特征，一般将被继承人的遗产分配给与被继承人具有血缘关系、婚姻关系的人。然而，如果将继承活动仅仅限定在有一定的血缘关系、婚姻关系的人之间，有时可能会不公平，特别是如果与被继承人形成扶养关系的人并不属于继承人，即使其与被继承人有非常密切的经济、生活和情感上的联系，在被继承人没有订立遗嘱的情况下，不能继承任何遗产。为了避免上述不公平，一些国家的立法例规定了继承人之外的人，特别是与被继承人形成扶养关系的人可以在一定条件下分得适当的遗产。一些学者将这种制度称之为酌给遗产制度。

继承法第14条规定，对继承人以外的依靠被继承人扶养的缺乏劳动能力又没有生活来源的人，或者继承人以外的对被继承人扶养较多的人，可以分给他们适当的遗产。在民法典的编纂过程中，多数意见认为对继承人以外的与被继承人之间具有扶养关系的人分给适当遗产的制度具有重要的意义和价值，应当予以保留。为此，民法典继承编规定："对继承人以外的依靠被继承人扶养的人，或者继承人以外的对被继承人扶养较多的人，可以分给适当的遗产。"

在民法典的编纂过程中，有的意见提出，应当对扶养关系的程度作出规定，以在一定时间内持续性扶养作为判断是否具有扶养关系的标准。我们研究认为，实践中互相扶养的情况复杂，时间和程度也不一，无法进行量化，如果规定一个统一的时间作为判断是否具有扶养关系的标准，会造成司法的机械化，为此继承编没有对扶养关系的成立规定统一时限，而是交由个案具体判断。

还有一些意见提出，继承法对依靠被继承人扶养的继承人以外的人分给适当遗产条件严苛，要求既缺乏劳动能力又没有生活来源，这实质上排除了大部分受被继承人扶养的人分得适当遗产的机会。我们研究认为，继承法要求受被继承人扶养的继承人以外的人"缺乏劳动能力又没有生活来源"才可以分得适当遗产，"缺乏劳动能力"指因智力或者身体未发育完全、年老等不具有劳动能力，或者因疾病、伤残等完全丧失或者部分丧失劳动能力的情况，"没有生活来源"指没有收入或者经济来源。以我国目前的社会保障情况来看，完全没有生活来源的人已经很少出现。如果严格按照继承法规定的条件确定可以适当分得遗产的人，可能会使很多受被继承人扶养的继承人以外的人不能分得任何遗产，使一些虽然有劳动能力但因其他原因导致生活来源较少的被扶养人以及虽然有一些生活来源但无劳动能力的被扶养人在被继承人死亡后生活水平大幅下降，这也不符合被继承人的意愿。为此，民法典继承编删去了继承法规定的依靠被继承人扶养的继承人以外的人分得适当遗产须符合"缺乏劳动能力又没有生活来源"这一条件。对于继承人以外的扶养被继承人的人分给适当遗产的条件还是沿袭了继承法的规定，即须为"对被继承人扶养较多的人"。

对于本条，要从以下几个方面进行理解：

一、可以分给适当遗产的人为继承人以外的人

本条的宗旨即在于创造一种新的遗产取得方式，使继承人以外的其他人基于正义、扶助的理念获得一定数量的遗产，因此，可以分给适当遗产的人为继承人以外的人。

二、可以分给适当遗产的条件为继承人以外的人与被继承人之间具有扶养关系

不是继承人的人，只要其与被继承人之间具有扶养关系，可以依据本条分得适当的遗产。与被继承人之间具有扶养关系，既包括依靠被继承人扶养的情形，也包括对被继承人扶养较多的情形。在这里，"扶养"指经济来源的提供、劳务帮助等方面的扶助，包括扶养、抚养、赡养三种类型。

三、可以分给适当遗产的份额不具有确定性

本条规定，对于与被继承人之间具有扶养关系的继承人以外的人，可以分给适当的遗产，没有对可以分得遗产份额的数额作明确规定。这主要是考虑到实践中情况复杂，无法规定统一的标准，在分配遗产时，对于被继承人以外的人，可以综合考虑其与被继承人之间扶养关系的程度、遗产数额以及法定继承人的具体情况等因素，由当事人之间协商确定或者由法院确定适当的遗产份额。

四、可以分给适当遗产的适用情形为遗产按照法定继承办理时

本条规定在法定继承这章，因此，与被继承人有扶养关系的继承人以外的人仅在遗产按照法定继承办理时可以请求分给适当遗产。如果被继承人生前以有效的遗嘱或者遗赠扶养协议等处分了其全部遗产，而没有为与其有扶养关系的继承人以外的人保留遗产份额，则应尊重被继承人的意思表示，不能以本条取代被继承人已明示的有效的意思表示。如果被继承人立了遗嘱或者遗赠扶养协议，但是因存在本法第 1154 条规定的情形导致遗产中的有关部分按照法定继承办理的，对于这部分遗产可以适用本条规定。

第二章　法定继承

> **第一千一百三十二条**　继承人应当本着互谅互让、和睦团结的精神，协商处理继承问题。遗产分割的时间、办法和份额，由继承人协商确定；协商不成的，可以由人民调解委员会调解或者向人民法院提起诉讼。

❖ **条文主旨** ❖

本条是关于处理继承问题的精神和遗产分割方式的规定。

❖ **条文解读** ❖

在法定继承中，如果继承人为二人以上，就需要在继承过程中平衡相互之间的利益关系。一般而言，法定继承人之间具有亲属关系，为了避免继承人之间因争夺遗产而伤了和气甚至反目成仇，影响家庭和睦与社会安定，本法规定继承人应当以互谅互让、和睦团结为指导原则协商处理继承相关的问题，这既是践行社会主义核心价值观的要求，也是法律的倡导性规范。

继承从被继承人死亡时开始，在法定继承中，法定继承人直接取得被继承人的遗产。当法定继承人为二人以上时，遗产属于各个继承人共同所有。各个继承人对遗产的共同所有是一种暂时性的共有关系，继承遗产的目的是将遗产的所有权分配并转移给各个继承人。在这一过程中，遗产分割发挥着重要作用。遗产分割是指继承开始后，依据法律或者按照遗嘱在各继承人之间进行遗产分配的民事法律行为。只有在遗产分割后，各个继承人才能对所分配的遗产享有实际的占有、使用、收益和处分的权利。对遗产进行分割时，主要涉及的问题为遗产分割的时间、办法和份额。

遗产分割的时间，一般由继承人之间协商确定，既可以在继承开始后请求分割，也可以约定在一定的期间后或者特定的条件成就时再分割遗产。

遗产分割的办法，主要有四种办法，即实物分割、变价分割、折价补偿分割、保留共有。实物分割，一般适用于可分物的遗产，即对作为遗产的原物直接进行分割并分配给各个继承人。变价分割，既可以用于不宜进行原物分割的遗产，也可以用于继承人均不愿意取得该种遗产的情况，此时可以将该遗产变卖后换取变价款，各个继承人按照应当继承遗产的份额比例对变价款进行分割。折价补偿分割，适用于继承人中有人愿意取得某项不宜进行原物分割的遗产的情况，由该继承人取得该项遗产的所有权，然后由取得遗产所有权的继承人按照其他继承人应当继承遗产的份额比例，分别向其他继承人补偿相应的价款。保留共有，适用于遗产不宜进行原物分割，继承人又均愿意取得遗产，或者各个继承人基于某种目的，愿意保持共有状态的情形，此时各个继承人可以根据其应当继承遗产的份额比例对遗产享有所有权。对于遗产进行分割时，无论选择哪种办法，都应当遵循本法规定的"遗产分割应当有利于生产和生活需要，不损害遗产的效用"的原则。

遗产分割的份额，应当以法律规定的或者当事人协商的各个继承人应当继承的遗产份额为依据。在分割遗产时，继承人应当以本法规定的分配遗产份额的原则为依据协商确定各自应当取得的遗产份额，并以此为基础分割遗产。

在分割遗产时，除了确定遗产分割的时间、办法和份额外，还需要注意其他问题，例如，在遗产分割时，应当先分出配偶或者他人的财产、应当保留胎儿的继承份额、应当清偿被继承人依法应当缴纳的税款和债务等。

在遗产分割时主要有两种方式：一种为继承人协商确定的方式；另一种为人民调解委员会调解或者法院裁判的方式。在分割遗产时，由于主要涉及继承人之间的利益关系，法律鼓励当事人通过协商的方式确定遗产分割的时间、办法和份额。如果继承人之间协商不成的，任一继承人都可以向人民调解委员会申请调解或者向人民法院提起诉讼，通过调解的方式或者裁判的方式，确定遗产分割的时间、办法和份额。

第三章　遗嘱继承和遗赠

本章共十二条，对遗嘱继承和遗赠的含义、自书遗嘱、代书遗嘱、打印遗嘱、录音录像遗嘱、口头遗嘱、公证遗嘱、不能作为遗嘱见证人的人员、必留份、遗嘱的撤回与变更、遗嘱的无效、附有义务的遗嘱继承和遗赠等作出了规定。

> 第一千一百三十三条　自然人可以依照本法规定立遗嘱处分个人财产，并可以指定遗嘱执行人。
> 自然人可以立遗嘱将个人财产指定由法定继承人中的一人或者数人继承。
> 自然人可以立遗嘱将个人财产赠与国家、集体或者法定继承人以外的组织、个人。
> 自然人可以依法设立遗嘱信托。

◆ **条文主旨** ◆

本条是关于自然人可以依法立遗嘱处分个人财产以及遗嘱继承和遗赠含义的规定。

◆ **条文解读** ◆

继承法第16条第1款规定，公民可以依照本法规定立遗嘱处分个人财产，并可以指定遗嘱执行人。本法沿袭了该条款，规定自然人可以依照本法规定立遗嘱处分个人财产，并可以指定遗嘱执行人,明确了自然人通过立遗嘱的方式处分个人财产的权利。

关于遗嘱继承和遗赠,继承法根据取得遗产的人的身份来区分二者:如果按照遗嘱的内容,取得遗产的人为法定继承人以内的人,则属于遗嘱继承;如果按照遗嘱的内容,取得遗产的人为法定继承人以外的人,则属于遗赠。大多数意见认为这种立法例在逻辑上不失严谨,较符合我国的实际情况,且已被民众所熟悉,因此,民法典继承编沿用了该标准,继续以取得遗产的人的身份来区分遗嘱继承和遗赠。

在十三届全国人大三次会议审议民法典草案时,有的意见提出,设立遗嘱信托是自然人生前对自己的财产进行安排和处理的一种重要制度,建议在本条增加规定遗嘱信托的内容。由于信托法对遗嘱信托已经作了规定,遗嘱信托应主要适用信托法进行规范,民法典作为民事领域基本法,可以对此作衔接性规定。据此,本条增加规定,自然人可以依法设立遗嘱信托。自然人立遗嘱处分个人财产,既可以指定某个法定继承人继承,也可以遗赠给继承人以外的组织、个人,还可以依法设立遗嘱信托。

立遗嘱是指自然人生前依照法律规定预先处分其个人财产,安排与此有关的事务,并于其死亡后发生效力的单方民事法律行为。自然人死亡后遗留的个人财产,既可以通过法定继承方式进行分配,也可以按照自然人所立的遗嘱内容进行分配,在自然人立有合法有效的遗嘱时,优先适用遗嘱分配遗产。相较于法定继承由法律直接规定继承人的范围和顺序、继承遗产的份额等,依遗嘱处分遗产,可以由自然人自主决定在其死后如何对其个人财产分配与处置,在分配的对象、方式、份额、条件等方面都具有较大的自由度和灵活性,充分体现了对自然人意思自治的尊重以及对私有财产权利的保障。

立遗嘱的主体为自然人，遗嘱的内容为处分个人财产。自然人想要通过立遗嘱的方式实现财产在其死后的分配，所立的遗嘱必须合法有效。遗嘱作为民事法律行为，需要符合总则编民事法律行为有效的条件，还须符合继承编对其效力的特别规定，如在行为主体方面，无民事行为能力人或者限制民事行为能力人所立的遗嘱无效。在意思表示真实方面，遗嘱必须表示遗嘱人的真实意思，受欺诈、胁迫所立的遗嘱无效。遗嘱作为死因民事法律行为、单方民事法律行为，为了确保行为人意思表示的真实，法律还对遗嘱规定了较为严格的形式要件，即只能按照本法规定的自书遗嘱、代书遗嘱、打印遗嘱、录音录像遗嘱、口头遗嘱、公证遗嘱等类型立遗嘱，并且须符合相应的形式要求，否则会影响遗嘱的效力。此外，遗嘱还须为缺乏劳动能力又没有生活来源的继承人保留必要的遗产份额。

自然人可以在遗嘱中指定遗嘱执行人。遗嘱执行人是遗嘱人指定的负责实现遗嘱的财产处分内容的人，主要职责为遗产管理、处理遗嘱人的债权债务、按照遗嘱内容分割与交付遗产等。遗嘱执行人既可以是法定继承人，也可以是法定继承人以外的人。在继承开始后，遗嘱执行人即为遗产管理人，适用本法遗产管理人的相关规定。

对于遗嘱继承，本条第 2 款规定，自然人可以立遗嘱将个人财产指定由法定继承人中的一人或者数人继承。对于遗赠，本条第 3 款规定，自然人可以立遗嘱将个人财产赠与国家、集体或者法定继承人以外的组织、个人。需要注意的是，遗嘱可以对遗产取得人以及分配的份额、方式、条件等内容作出规定，这充分体现了遗嘱自由的原则。对于遗嘱信托，本条第 4 款规定，自然人可以依法设立遗嘱信托，遗嘱人设立遗嘱信托的，应当遵守本法以及信托法等其他法律的有关规定。

> 第一千一百三十四条　自书遗嘱由遗嘱人亲笔书写，签名，注明年、月、日。

❖ **条文主旨** ❖

本条是关于自书遗嘱的规定。

❖ **条文解读** ❖

继承法在第 17 条规定了五种遗嘱的形式，即公证遗嘱、自书遗嘱、代书遗嘱、录音遗嘱和口头遗嘱。在民法典的立法过程中，一些意见提出，现阶段越来越多的公民选择通过立遗嘱的方式处理自己的个人财产，而随着信息技术的发展与普及，人们的书写、记录方式产生较多改变，应当在继承法的基础上增加新的遗嘱形式，为人们立遗嘱提供更多的形式选择。随着遗嘱形式的增加，只用一个条文已经难以容纳相关规则，建议对各种遗嘱形式分条加以规定。继承编吸收了上述意见，在本法第 1134 条至第 1139 条分条规定了自书遗嘱、代书遗嘱、打印遗嘱、录音录像遗嘱、口头遗嘱、公证遗嘱六种遗嘱的形式。

继承法在第 17 条第 2 款规定："自书遗嘱由遗嘱人亲笔书写，签名，注明年、月、日。"本条保留了继承法的规定。

在民法典的立法过程中，一些意见建议，应当允许遗嘱人在一些情况下用盖章或者捺指印的方式取代签名。我们研究认为，印章具有可复制性，并且可以被他人控制、支配。指印虽然具有身份识别上的唯一性，但是在遗嘱人无意识、死亡时存在被强按指印的可能性，也可能存在因遗嘱人的指纹样本没有留存而难以鉴定的情况。在遗嘱没有签名时，以盖章或者捺指印来确认遗嘱的真实性并不可靠。尤其自书遗嘱中，不要求见证人在场见证，如果允许以盖章或者捺指印的方式取代签名，可能会增加伪造遗嘱的风险。为此，继承编在遗嘱的形式要件中，没有采纳盖章和捺指印的方式。

还有一些意见提出，如果仅有一份遗嘱，即使没有注明年、月、日，也应当认为有效。也有一些意见认为，遗嘱上注明日期对于认定遗嘱的真实性和有效性具有重要作用，不宜开口子。基于在遗嘱上注明日期的重要性，本法坚持将遗嘱人在遗嘱上注明年、月、日作为遗嘱有效的形式要件，自书遗嘱中未注明日期或者所注明的日期不具体的，遗嘱不能生效。

遗嘱是自然人生前按照法律规定的方式对其个人财产进行预先处分的民事法律行为，遗嘱必须是遗嘱人真实意思的反映。遗嘱虽然是单方民事法律行为，但遗嘱人所立的遗嘱关系到谁可以取得遗产以及取得遗产的方式、条件、份额等问题，直接影响着遗嘱继承人、受遗赠人、法定继承人等的切身利益，因此，遗嘱必须清楚确切。然而，遗嘱又是死因行为，即只有在遗嘱人死亡时发生法律效力，当遗嘱的真实性和内容产生争议时，无法探知遗嘱人的真实意思。因此，为了保证遗嘱的真实性和可靠性，指导当事人正确审慎地设立遗嘱，尽量减少纠纷，各国法律基本都对遗嘱规定了严格的形式要件，强调遗嘱应当按照法律规定的方式设立，并分别对其形式要件作了规定。自然人立遗嘱时，可以任意选择法律规定的遗嘱形式，但是如果其所立的遗嘱不符合法律规定的形式要求，就不能发生法律效力。因此，尽管遗嘱的形式不影响遗嘱的内容，但是会影响遗嘱的效力，当事人在立遗嘱时应注重遗嘱形式方面的要求。

自书遗嘱，是指遗嘱人本人将处分遗产的意思表示亲自用手写出来的遗嘱。自书遗嘱由于是遗嘱人本人亲笔书写，意思表示真实、自由并且容易鉴别真伪，因此，形式要求较为简单,可以随时设立,不需要有见证人在场见证,设立过程私密,是最简便易行的遗嘱形式。自书遗嘱要有效成立,在形式上需要符合以下三个方面的要求:

1. 遗嘱人必须亲笔书写。自书遗嘱必须由遗嘱人亲笔书写遗嘱的全部内容。亲笔书写意味着不能由他人代写遗嘱,也不能用打印等其他方式,只能由遗嘱人本人亲自用笔将自己处分财产的意思表示记录下来。遗嘱的全部内容都必须由遗嘱人亲笔书写,如果有部分内容由他人书写,则不构成自书遗嘱。

2. 遗嘱人必须签名。自书遗嘱必须由遗嘱人签名,即亲笔书写其姓名。遗嘱人亲笔签名既可以将遗嘱与遗嘱人联系起来,表明遗嘱人的身份,又可以表示遗嘱人对遗嘱内容的确认。因此,任何形式的书面遗嘱都要求遗嘱人签名。由于人们在长时间的书写过程中会形成自己独特的书写习惯,而自书遗嘱是由遗嘱人亲笔手写全部遗嘱内容,可以通过笔迹鉴定的方式来认定遗嘱内容是否由遗嘱人书写,因此,自书遗嘱不要求遗嘱人在遗嘱每一页签名,也不要求有见证人在场见证。在自书遗嘱中,尽管遗嘱的内容可能确实是由遗嘱人亲笔书写,但是如果没有签名,无法判断遗嘱人只是书写了草稿还是作出了最终决定,因此,没有签名的自书遗嘱无效。

3. 遗嘱人必须注明年、月、日。遗嘱人在自书遗嘱中必须注明其设立遗嘱的具体时间,即必须注明年、月、日。遗嘱中必须注明年、月、日主要有以下作用:一是注明年、月、日可以确定遗嘱设立的时间,如果在遗嘱设立后遗嘱人撤回、变更了该遗嘱,或者遗嘱人实施了与该遗嘱内容相反的民事法律行为,那么该遗嘱的部分或者全部内容将不发生法律效力。二是在遗嘱人立有数份遗嘱时,如果遗嘱之间内容相抵触的,以最后的遗嘱为准。三是遗嘱中注明的年、月、日,还可以用来确定遗嘱人在立遗嘱时是否具有遗嘱能力,从而判断遗嘱人所

第三章 遗嘱继承和遗赠

立的遗嘱是否有效。

> **第一千一百三十五条** 代书遗嘱应当有两个以上见证人在场见证，由其中一人代书，并由遗嘱人、代书人和其他见证人签名，注明年、月、日。

❖ **条文主旨** ❖

本条是关于代书遗嘱的规定。

❖ **条文解读** ❖

代书遗嘱，是指根据遗嘱人表达的遗嘱内容，由他人代为书写的遗嘱。代书遗嘱通常适用于遗嘱人由于一些特殊的原因，不能亲笔书写遗嘱，故委托他人代为书写遗嘱的情形。代书遗嘱是我国法律规定的一种遗嘱形式，继承法第17条第3款规定："代书遗嘱应当有两个以上见证人在场见证，由其中一人代书，注明年、月、日，并由代书人、其他见证人和遗嘱人签名。"在民法典的立法过程中，多数意见认为，代书遗嘱形式能够满足我国民众特别是广大农村村民立遗嘱的需要，继续保留仍有必要。为此，本条对继承法的规定作了一些文字修改并予以保留。

根据继承的一般原理，遗嘱人应当亲自立遗嘱，遗嘱不适用代理制度，不能由他人代为设立。法律虽然允许遗嘱人在特殊情形下由他人代为书写遗嘱，但是代书遗嘱不是代书人代理遗嘱人设立遗嘱，遗嘱人虽然不能亲笔书写遗嘱，但是要亲自、独立作出处分个人财产的意思表示，而代书人的职责为如实地记录遗嘱人的意思表示，不能干涉遗嘱人的意思表示，也不能在记录的过程中扭曲、篡改遗嘱人的意思表示。

根据本条规定，代书遗嘱如果要有效成立，在形式上需要符合以下几个方面的要求：

1. 有两个以上见证人在场见证。见证人，是指证明遗嘱真实性的第三人。为了保证遗嘱的真实性、可靠性，各国继承法普遍规定对于一些特定形式的遗嘱必须有一定数量的见证人。与自书遗嘱相比，代书遗嘱除了书写人不同外，有关见证人的要求也和自书遗嘱具有显著区别。法律之所以认可遗嘱人在没有见证人的情况下亲笔书写的自书遗嘱的有效性，是由于每个人因教育程度、书写习惯等方面的独特性而使得其亲笔书写的遗嘱具有不可复制性，可以通过笔迹鉴定辨别真伪。代书遗嘱则是通过无利害关系的见证人来佐证遗嘱人的意思表示，以确保遗嘱人是在自愿状态下作出的真实意思表示，可以通过见证人来判断遗嘱的真实性与可靠性。

在代书遗嘱中，见证人需要符合一定的条件。首先，见证人需要符合一定的资格条件：一方面必须要有见证遗嘱真实性的能力；另一方面要有中立性，即与遗嘱的内容没有利害关系。本法规定，无民事行为能力人、限制民事行为能力人以及其他不具有见证能力的人，继承人、受遗赠人以及与继承人、受遗赠人有利害关系的人，不能作为见证人。其次，见证人还需要符合数量方面的要求，本法规定代书遗嘱、打印遗嘱、录音录像遗嘱、口头遗嘱都需要两个以上的见证人在场见证，"以上"包括本数，即这类遗嘱的见证人最少为两人。最后，符合资格、数量要求的见证人须在场见证，即必须在场全程参与立遗嘱的过程。因此，代书遗嘱如果不符合上述见证人的资格、数量、在场见证等方面的要求，则该遗嘱无效。

2. 由见证人中的一人代书。代书人为见证人中的一人，需要符合见证人的资格条件。代书人在代书遗嘱时，只能用亲笔手写的方式，不能运用打印等其他方式。代书人在书写遗嘱时要严格忠实于遗嘱人的意思表示，将遗嘱人表达的遗嘱内容准确无误地记录在代书遗嘱中。

3. 遗嘱人、代书人和其他见证人签名。代书人在书写完遗嘱后，应当交给遗嘱人和其他见证人核对，遗嘱人和其他见证人确认无误后，遗嘱人、代书人和其他见证人均须在遗嘱上亲笔书写姓名。遗嘱人、代书人和其他见证人签名，既表明了自己的身份，也表明了对遗嘱内容以及立遗嘱过程的确认。

4. 注明年、月、日。在代书遗嘱中必须注明立遗嘱的具体日期，即注明年、月、日。遗嘱上注明的日期对于认定遗嘱的真实性和有效性具有重要作用，代书遗嘱中未注明日期或者所注明的日期不具体的，遗嘱不能生效。

> **第一千一百三十六条** 打印遗嘱应当有两个以上见证人在场见证。遗嘱人和见证人应当在遗嘱每一页签名，注明年、月、日。

◆ **条文主旨** ◆

本条是关于打印遗嘱的规定。

◆ **条文解读** ◆

打印遗嘱，是指遗嘱的内容由打印机等机器设备打印而成的遗嘱。随着科学技术的发展以及信息技术的普及，个人电脑及电子产品以其便利性、人性化的特点，部分替代了传统的书写方式。近些年来，司法实践中出现了以打印的方式立遗嘱的情况，由于继承法没有对打印遗嘱作出规定，对打印遗嘱的效力产生了一些争议。

在民法典的编纂过程中，大多数意见认为法律应当允许通过打印的方式立遗嘱，但是在涉及如何具体规定的问题上，有不同的意见。一些意见认为应当将打印遗嘱规定为一种新的遗嘱形式，与自书遗嘱、代书遗嘱等其他的遗嘱形式并列。另一些意见认为，不应将打印遗嘱作为独立的遗嘱形式，可以扩大书写的含义使其包含打印的方式，允许自书遗嘱、代书遗嘱采用打印的方式。

我们研究认为，打印遗嘱有以下特征：一是打印遗嘱既可以由遗嘱人自己编辑、打印，也可以由他人代为编辑、打印，然而仅凭打印的遗嘱内容难以判断打印遗嘱的具体制作人。因此，对于打印遗嘱区分是遗嘱人自己打印还是他人代为打印意义不大。二是即使是遗嘱人自己编辑和打印的体现其真实意思表示的遗嘱，也可能被他人通过技术手段篡改。因此，打印遗嘱需要有严格的形式要件，例如，要求有一定数量的见证人在场见证、在遗嘱的每一页由遗嘱人和见证人签名等。如果不将打印遗嘱作为独立的遗嘱形式，允许自书遗嘱、代书遗嘱采用打印的方式，就要对自书遗嘱、代书遗嘱的条文分别增加符合打印遗嘱特点的形式要件，这会造成立法上的重复，还可能对已经被社会公众所熟悉的自书遗嘱、代书遗嘱的形式要件造成冲击。为此，继承编将打印遗嘱规定为一种新的遗嘱形式，并具体规定了打印遗嘱有效成立的要件，为当事人设立遗嘱提供了便利以及多元的选择。

打印遗嘱实质上是一种书面遗嘱，遗嘱内容以数据电文形式存储在计算机等设备上的不构成遗嘱，遗嘱人须将遗嘱内容从电子数据形式通过打印机等转换为书面形式。

根据本条规定，打印遗嘱有效成立须符合下列要件：一是打印遗嘱应当有两个以上见证人在场见证，见证人须符合本法规定的资格、数量、在场见证等方面的要求。二是遗嘱人和见证人应当在遗嘱每一页签名。当遗嘱有多页时，如果仅在一页签名，其他页的内容容易被篡改或者替换，为了保证遗嘱的真实性，遗嘱人和见证人应当对遗嘱的每一页仔细核对并签名。如果遗嘱人、见证人只在遗嘱最后一页签名，没有在每一页签名，则不能认定打印遗嘱全部内容的有效性。三是注明年、月、日，由于遗嘱的设立时间为判断遗嘱有效性的重要因素，因此，未注明年、月、日的打印遗嘱没有法律效力。

> **第一千一百三十七条** 以录音录像形式立的遗嘱，应当有两个以上见证人在场见证。遗嘱人和见证人应当在录音录像中记录其姓名或者肖像，以及年、月、日。

◆ **条文主旨** ◆

本条是关于录音录像遗嘱的规定。

◆ **条文解读** ◆

继承法第17条第4款规定，以录音形式立的遗嘱，应当有两个以上见证人在场见证。在民法典的立法过程中，有一些意见提出，随着科学技术的发展与普及应用，除了录音之外，录像以及其他电子形式都可以成为制作遗嘱的载体，有必要明确录像遗嘱这种形式。我们研究认为，用录像形式制作而成的音像资料，比起单纯的音频资料能够更加直观地表达所记录的内容。继承法规定的录音遗嘱的适用范围较为有限，不能满足科技发展与生活丰富化需求。为此，民法典继承编在保留录音遗嘱的同时，将继承法中的录音遗嘱修改为录音录像遗嘱，包含了以录像方式所立的遗嘱，从而增加了法定遗嘱的形式。

录音录像遗嘱分为录音遗嘱与录像遗嘱。录音遗嘱是遗嘱人口述遗嘱内容并用录音的方式记录而成的遗嘱。录像遗嘱是遗嘱人表达遗嘱内容并用录像的方式记录而成的遗嘱，遗嘱人在表达遗嘱内容时可以通过口述的方式从而同时记录其声音，在特殊情况下无法用口述方式的，例如，遗嘱人为聋哑人的，可以通过打手语的方式表达遗嘱内容。无论采用哪种形式，遗嘱人在录音录像遗嘱中都应该亲自表达遗嘱内容，不能由他人转述。

鉴于录音录像遗嘱容易被伪造或者篡改，本条对于录音录像遗嘱规定了一些形式要件：（1）录音录像遗嘱应当有两个以上的见证人在场见证，见证人须具备相应的见证能力，并且与遗嘱继承人、受遗赠人无利害关系。符合要求的见证人要到场见证，参加录音录像遗嘱制作的全过程。（2）遗嘱人和见证人应当在录音录像中记录其姓名或者肖像。由于录音录像遗嘱不是书面遗嘱，遗嘱人和见证人无法签名，因此，要用符合录音录像遗嘱形式特点的方式表明遗嘱人和见证人的身份、确认遗嘱内容以及表明在场见证。在录音遗嘱中，遗嘱人和见证人应当用口述的方式记录其姓名，表明遗嘱人与见证人的身份，并体现见证人在场见证。在录像遗嘱中，遗嘱人和见证人应当展示其肖像，在记录肖像的同时可以用口述或者其他方式表明其姓名，这样可以通过视频画面得知遗嘱人与见证人的身份、遗嘱人立遗嘱与见证人在场见证的过程。（3）遗嘱人和见证人应当在录音录像中记录年、月、日。由于遗嘱的设立时间是判断遗嘱的真实性与有效性的重要因素，因此，录音录像遗嘱也应当体现遗嘱的设立时间。在以录音录像的形式立遗嘱时，遗嘱人和见证人应当在录音录像的过程中用口述或者其他方式表明遗嘱设立的时间，否则录音录像遗嘱不能发生法律效力。

❖ **案例分析** ❖

原告闫甲与被告闫戊为同胞兄弟。其母亲张某生有三子二女，长子闫甲，幼子为闫戊，名下有房屋一套。张某晚年生病期间，由闫甲照顾，生活和医疗各项费用也都由闫甲负担。基于其他子女没有尽到全部赡养义务，张某于 2007 年 1 月 21 日，在一家律师事务所两位律师的见证下，由他人代书，立下了内容为自己逝世后所有财产（包括房屋）都由闫甲继承的遗嘱。遗嘱由闫甲保管。2009 年 1 月 20 日，张某逝世，留下的房屋实际为闫戊控制。

闫甲认为闫戊的行为严重侵犯了自己的合法权益，遂依法将其他兄弟姐妹列为被告诉至法院，要求按母亲的遗嘱继承房屋。

诉讼过程中，长女同意闫甲的诉讼请求，二女儿对遗嘱不认可，要求所有子女都继承遗产，二儿子放弃继承。幼子闫戊提供了另外一份遗嘱和录像，认为房屋应由自己继承。该遗嘱由闫戊之妻代写，张某按有手印。录像显示的是有位邻居问张某财产是否都由闫戊继承，张某只以"嗯"应答，而没有独立的表述。

法院经审理认为，本案中，闫甲提供的代书遗嘱有母亲本人签名及手印，有代书人及两位见证律师的签名，其内容指向为母亲所有的房屋，故该代书遗嘱的形式和内容均合法有效。而闫戊提供的录像和代书遗嘱则存在瑕疵。母亲在录像中对于诉争房屋如何处理无清晰完整的表述，而是在提问人引导性提问下被动应答；该代书遗嘱内容指向的并非诉争房屋；代书人是小儿媳，与继承人具有利害关系；闫戊未能提供证据证明代书人及见证人将代书遗嘱的内容详细告知母亲。故鉴于该录像和代书遗嘱存在上述瑕疵，不能据此确定张某的真实意思表示，故法院对该录像和代书遗嘱的效力不予认定。现闫甲依据其提供的见证书及所附遗嘱要求确认案涉房屋由其继承，其请求合法有据，法院予以支持。

> **第一千一百三十八条** 遗嘱人在危急情况下，可以立口头遗嘱。口头遗嘱应当有两个以上见证人在场见证。危急情况消除后，遗嘱人能够以书面或者录音录像形式立遗嘱的，所立的口头遗嘱无效。

❖ **条文主旨** ❖

本条是关于口头遗嘱的规定。

❖ **条文解读** ❖

口头遗嘱，是指遗嘱人用口述的方式表达其处分遗产的意思表示的遗嘱形式。与其他形式的遗嘱相比，口头遗嘱简便易行，在一些危急情况下，遗嘱人来不及或者没有条件立其他形式的遗嘱时，口头遗嘱成为了满足遗嘱人立遗嘱愿望的可行的遗嘱形式。继承法第17条第5款规定了口头遗嘱："遗嘱人在危急情况下，可以立口头遗嘱。口头遗嘱应当有两个以上见证人在场见证。危急情况解除后，遗嘱人能够用书面或者录音形式立遗嘱的，所立的口头遗嘱无效。"本条在继承法的基础上，将该款中的"录音形式"修改为"录音录像"形式，并作了一些文字修改。

一、关于口头遗嘱的形式要件

第一，遗嘱人处在危急情况下。危急情况主要指遗嘱人生命垂危或者遇到了重大灾害或者意外等紧急情况，随时有生命危险而来不及或者没有条件立其他形式的遗嘱。遗嘱人处在危急情况下是立口头遗嘱的前提条件，在非危急情况下设立的口头遗嘱无效。

第二，口头遗嘱应当有两个以上见证人在场见证。遗嘱人在危急的情况下用口述的方式表达其处分遗产的意思表示，由于没有记录的载体，因此，需要由两个以上见证人在场见证。见证人须符合本法规定的资格、数量、在场见证等方面的要求。

在民法典的立法过程中，有的意见认为，继承法规定的口头遗嘱的形式不够完备，没有要求作成书面形式，完全依靠见证人记忆，实践中不同见证人的见证内容也会出现不完全一致的情形，影响遗嘱效力。建议增加规定见证人应当及时将其见证的遗嘱内容作成书面形式，签名并注明遗嘱设立的时间。我们研究认为，如果对口头遗嘱增加见证人作成书面形式的要求，就增加了口头遗嘱的效力要件，口头遗嘱是应对危急情况时可以采用的遗嘱形式，为了方便遗嘱人立遗嘱，口头遗嘱的形式要件相对简单。如果遗嘱人所立的口头遗嘱的效力还要取决于见证人是否将其口述的遗嘱内容作成书面形式、签名并注明时间，该遗嘱的效力直接受见证人行为的影响，在见证人因一些原因没有作成书面形式或者不符合签名、注明年、月、日等要求时，该遗嘱归于无效，这既影响遗嘱人愿望的实现，也不符合口头遗嘱对遗嘱的订立形式要求较为宽松的特征。为此，继承编对口头遗嘱没有增加规定见证人须将口头遗嘱的内容作成书面形式、签名并注明年、月、日的形式要求。

二、口头遗嘱的失效

遗嘱是死因民事法律行为，遗嘱在遗嘱人死亡时发生效力。处在危急情况中的遗嘱人在立口头遗嘱后死亡的，如果遗嘱符合口头遗嘱的形式要件，口头遗嘱即发生法律效力。如果危急情况解除后，遗嘱人没有死亡，口头遗嘱不发生法律效力，但是该口头遗嘱是否可以有效成立直到遗嘱人之后死亡时再发生效力呢？考虑到口头遗嘱的内容完全依靠见证人的表述证明，准确性与证明力低，容易发生纠纷，本条规定，危急情况消除后，遗嘱人能够以书面或者录音录像形式立遗嘱的，所立的口头遗嘱无效。也就是说，遗嘱人在危急情况下所立的口头遗嘱，在危急情况消除后，遗嘱人在世并且能够以其他形式立遗嘱的，该口头遗嘱失效。如果遗嘱人没有另立其他形式的遗嘱而死亡的，视为被继承人未立遗嘱，其遗产按法定继承的方式分配。

在民法典继承编的立法过程中，一些意见提出，继承法对口头遗嘱的失效期间规定得过于原则，容易产生争议，建议明确规定在遗嘱人能够采用其他方式订立遗嘱之日起一定期限内口头遗嘱失效。主要理由为：一是危急情况消除后，遗嘱人能够用其他形式立遗嘱却因一些原因没有立的，如果突然死亡，由于先前所立的口头遗嘱已无效，其财产只能按照法定继承分配，这可能不符合遗嘱人的意愿，对于刚脱离危急情况不久的遗嘱人也有些苛刻，在危急情况消除后，应当给予口头遗嘱一段有效期限，从而为遗嘱人另立其他形式的遗嘱留下准备时间。二是其他国家和地区的立法例中，大部分都规定口头遗嘱在危急情况消除后一定期限内仍然有效。为此，继承编一审稿曾规定："遗嘱人在危急情况下，可以立口头遗嘱。口头遗嘱应当有两个以上见证人在场见证。危急情况解除后，遗嘱人能够用书面或者录音录像形式立遗嘱的，所立的口头遗嘱经过三个月无效。"在十三届全国人大常委会五次会议对民法典各分编草案进行审议和民法典各分编草案征求意见过程中，有的意见提出，3个月期限的起算点不明确，且口头遗嘱仅在危急情况下才适用，危急情况消除后，遗嘱人已经能够用其他形式立遗嘱，所立口头遗嘱即应无效，不必规定3个月的期限。还有一些意见提出，口头遗嘱毕竟是遗嘱人在危急情况下作出的意思表示，遗嘱人可能就遗嘱中表述的相关事项缺乏足够周密的考虑。此外，口头遗嘱形式要件简单，既不需要经遗嘱人认可、签名，也不要求做成书面形式，容易被人遗忘、伪造或者篡改，规定危急情况消除后，遗嘱人能够以其他形式立遗嘱的，所立的口头遗嘱无效，可以促使遗嘱人积极立新遗嘱取代口头遗嘱，从而能够保障遗嘱的真实性，避免不必要的纠纷。经研究，继承编删除了一审稿中"经过三个月"的规定。遗嘱人在危急情况中所立的口头遗嘱，在危急情况消除后，且遗嘱人能够以其他形式立遗嘱时，该口头遗嘱失效。

> **第一千一百三十九条　公证遗嘱由遗嘱人经公证机构办理。**

❖ **条文主旨** ❖

本条是关于公证遗嘱的规定。

❖ **条文解读** ❖

公证遗嘱是遗嘱人经公证机构办理的遗嘱，多数国家的立法例都规定了公证遗嘱的遗嘱形式。继承法第17条第1款规定："公证遗嘱由遗嘱人经公证机关办理。"民法典继承编沿袭了继承法关于公证遗嘱的规定。

公证遗嘱的有效成立除了需要遵守本法关于遗嘱效力的规定以外，还需要遵守我国有关公证的法律的相关规定。对于公证遗嘱，公证法从规范公证活动、保障公证机构和公证员依法履行职责、预防纠纷以及保障民事主体的合法权益的角度作了规定；司法部颁布的《遗嘱公证细则》对设立公证遗嘱的程序作了具体规定。

根据上述法律法规的相关规定，公证遗嘱必须由遗嘱人本人亲自办理，不得委托他人办理公证。遗嘱人办理公证遗嘱时，应当亲自到住所地或者遗嘱行为发生地的公证处提出申请。遗嘱人亲自到公证处有困难的，可以书面或者口头形式请求有管辖权的公证处指派公证人员到其住所或者临时处所办理。公证遗嘱应当由两名公证人员共同办理,由其中一名公证员在公证书上署名。因特殊情况由一名公证员办理时,应当有一名见证人在场,见证人应当在遗嘱和笔录上签名。遗嘱人在办理公证遗嘱时,应当向公证机关提供书面遗嘱或者向公证机关表述遗嘱内容。公证人员在办理遗嘱公证时,要依法对遗嘱人立遗嘱行为的真实性、合法性予以审查,审查的内容包括:遗嘱人是否具有完全民事行为能力,遗嘱人的意思表示是否真实,遗嘱的内容是否完备、文字表述是否准确,遗嘱内容是否违反法律规定和社会公共利益,遗嘱的签名、制作日期是否齐全以及办理公证的程序是否符合规定等。经审查认为遗嘱人立遗嘱行为符合法律规定的条件的,公证处应当出具公证书。公证遗嘱采用打印形式。遗嘱人根据遗嘱原稿核对后,应当在打印的公证遗嘱上签名、盖章或者按手印。

> **第一千一百四十条** 下列人员不能作为遗嘱见证人:
> （一）无民事行为能力人、限制民事行为能力人以及其他不具有见证能力的人;
> （二）继承人、受遗赠人;
> （三）与继承人、受遗赠人有利害关系的人。

❖ **条文主旨** ❖

本条是关于不能作为遗嘱见证人的人员的规定。

❖ **条文解读** ❖

遗嘱见证人,是指在现场亲历遗嘱人立遗嘱的过程,能够证明遗嘱真实性的人。为了保障自然人利用遗嘱形式处分财产的权利，各个国家的法律规定了较多的遗嘱形式。但是在这些遗嘱形式中，有的不具有身份识别性，有的容易被篡改伪造，有的形式要件简单。为了保障遗嘱的真实性，法律要求一些形式的遗嘱必须要有一定数量的见证人在场见证。根据本法的规定，代书遗嘱、打印遗嘱、录音录像遗嘱、口头遗嘱均需要有两个以上见证人在场见证。对于公证遗嘱，司法部颁布的《遗嘱公证细则》规定，遗嘱公证应当由两名公证人员共同办理，因特殊情况由一名公证员办理时，应当有一名见证人在场。可见，遗嘱见证人是大多数遗嘱的形式要件。遗嘱是死因民事法律行为，即只有在遗嘱人死亡时才发生效力，在遗嘱人死亡时对于遗嘱真实性的认定要依靠见证人的证明，遗嘱见证人的证明直接关系遗嘱的效力。为了确保遗嘱见证人在证明遗嘱的真实情况时是客观公正的，各国继承法除了对见证人的数量方面有要求以外，还对见证人的资格作了规定。各国继承法一般规定遗嘱见证人必须具备以下条件：一是见证人必须具有完全民事行为能力；二是见证人与遗嘱没有利害关系。继承法第 18 条规定，下列人员不能作为遗嘱见证人：（1）无民事行为能力人、限制民事行为能力人；（2）继承人、受遗赠人；（3）与继承人、受遗赠人有利害关系的人。民法典继承编在继承法的基础上，对遗嘱见证人的资格作了进一步完善。根据本条规定，以下人员不能作为遗嘱见证人：

1. 无民事行为能力人、限制民事行为能力人以及其他不具有见证能力的人。遗嘱见证人要在场见证遗嘱人立遗嘱的行为，并在事后对遗嘱的内容、订立情形等作出证明，遗嘱见证人的证明对遗嘱的效力具有重要影响，因此，见证人必须具有完全民事行为能力。根据本法规定，不具有完全民事行为能力的人有：不满 18 周岁的未成年人，但是 16 周岁以上以自己的劳动收入为主要生活来源的未成年人除外；不能辨认或者不能完全辨认自己行为的成年人。上述无民事行为能力人、限制民事行为能力人对事物缺乏足够的认识能力和判断能力，不能作为遗嘱见证人。

在民法典继承编的立法过程中，一些意见提出，在一些情况下遗嘱见证人虽然是完全民事行为能力人，但是可能不具有事实上的见证能力，例如，文盲以及对遗嘱所使用的语言掌握不充分的人，因身体缺陷而不具有知晓遗嘱内容的能力的人，这些人员对遗嘱的具体内容的识别与理解上存在一定的欠缺，如果承认此类见证人的资格，对遗嘱的真实性可能会产生一定的影响。经研究，民法典继承编在继承法第18条第1项的基础上增加规定，"其他不具有见证能力的人"也不得担任遗嘱见证人。遗嘱见证人除了为完全民事行为能力人外，还需要具有见证能力，而见证能力的有无要根据具体事实情况进行判断。

2. 继承人、受遗赠人。为了确保见证人能够公正、客观地对遗嘱的真实性作出证明，法律一般要求见证人与遗嘱内容没有利害关系。受遗赠人是遗赠人在遗嘱中指定的接受其遗赠的个人财产的法定继承人以外的人，是遗嘱的直接受益人，不能作为遗嘱见证人。对于继承人而言，遗嘱人通过立遗嘱处分个人财产的行为，会使继承人的利益受益或者受损。由继承人、受遗赠人担任见证人，可能会给遗嘱人造成影响，导致其作出的遗嘱并非出于真实意愿。此外，继承人、受遗赠人在知晓遗嘱内容后还可能为了自己的利益而作出不真实的证明，制造因素使遗嘱有效或者无效。因此，允许继承人、受遗赠人担任遗嘱见证人难以确保遗嘱内容的真实性。

3. 与继承人、受遗赠人有利害关系的人。与继承人、受遗赠人有利害关系的人虽然不是遗嘱继承法律关系或者遗赠法律关系中的当事人，但是由于其与继承人、受遗赠人有利害关系，可能会因遗嘱人对遗产的分配而间接地获得利益。与继承人、受遗赠人有利害关系的人有可能受利益驱动而作不真实的证明，因此，不宜担任遗嘱见证人。在民法典继承编的立法过程中，一些意见提出，与继承人、受遗赠人有利害关系的人范围宽泛，建议予以明确。我们研究认为，与继承人、受遗赠人有利害关系的人的情况比较复杂，其具体范围无法通过立法明确规定，应当具体情况具体分析，为此没有对与继承人、受遗赠人有利害关系的人的范围作出界定。

> **第一千一百四十一条** 遗嘱应当为缺乏劳动能力又没有生活来源的继承人保留必要的遗产份额。

❖ **条文主旨** ❖

本条是关于必留份的规定。

❖ **条文解读** ❖

遗嘱人立遗嘱，可以自主决定在其死后如何对其个人财产进行分配与处置，在分配的对象、方式、份额等方面都具有较大程度的自由。遗嘱自由原则是当事人意思自治原则以及保护私有财产原则在继承法领域的具体化，是各国继承法普遍确立的重要原则。但是遗嘱自由不是完全无限制的自由，由于继承制度还须发挥遗产的扶养功能和维护基本的家庭伦理的功能，因此，各国继承立法也普遍对遗嘱自由设有一定的限制。在我国，继承法第19条规定了必留份制度，即"遗嘱应当对缺乏劳动能力又没有生活来源的继承人保留必要的遗产份额"，对遗嘱人以遗嘱处分财产的权利进行了一定的限制。

一些大陆法系国家则通过特留份制度对遗嘱人自由处分个人财产的权利作了适当限制。特留份制度，是指遗嘱人立遗嘱处分个人财产时，必须给特定的法定继承人即特留份权利人保留的遗产份额。遗嘱人只能对特留份以外的个人财产进行自由处分。大多数国家规定的特留份权利人的范围一般都小于法定继承人的范围，仅限于与遗嘱人关系密切的家庭成员。特留份制度不是把遗产的全部或者绝大部分保留给遗嘱人的家庭成员，特留份权利人只是有权获得适当的遗产份额。对于特留份权利人能够获得的遗产份额，主要有两种立法例：一种是就遗嘱人的遗产总量规定一定的比例；另一种是就各个特留份权利人在法定继承情形下可以获得的应继份规定一定的比例。为了保障权利人的特留份，规定特留份制度的国家还详细规定了扣减制度。当遗嘱人的遗嘱处分行为或者生前赠与行为损害特留份时，特留份权利人可以请求扣减遗嘱继承、遗赠或者生前赠与的相应数额，以获得足额的特留份额。

　　特留份制度与我国的必留份制度相比，有以下区别：一是功能定位不同。特留份制度侧重于保护特定的法定继承人的最低限度的继承利益，协调特定的法定继承人之间的利益平衡，使遗产保留于家庭之中。必留份制度则侧重于保障有特殊困难的继承人的基本生活需要，使遗产发挥对弱势群体扶养的功能。二是权利主体不同。特留份权利人和必留份权利人虽然都是法定继承人，但是范围不同。特留份权利人的确定依据为血缘、婚姻等身份关系，大多为与遗嘱人关系最为密切、继承顺序靠前的法定继承人，而不考虑其是否有被扶养的需要。而必留份权利人的确定依据为身份关系以及受扶养的客观需要，如我国的必留份权利人为同时具备缺乏劳动能力和没有生活来源两个条件的法定继承人，该继承人既可以是第一顺序继承人，也可以是第二顺序继承人。三是具体份额不同。对于特留份的份额，无论是以遗嘱人的遗产总量为基数还是以特留份权利人的法定应继份为基数，特留份的计算一般都有具体的标准。我国法律则未对必留份规定具体的份额，在实践中要根据个案的具体情况而确定，以满足必留份权利人的生活需要。四是权利的优先性不同。大部分规定特留份制度的国家，在计算特留份份额时都是先从被继承人的遗产中扣除被继承人的债务，被继承人的债务优先于特留份。必留份则是法定继承人基本生活的保障，为此本法规定如有缺乏劳动能力又没有生活来源的继承人，在遗产不足清偿债务时，也应当为其保留必要的遗产。

在民法典继承编的立法过程中，一些意见认为，我国的必留份制度存在一定局限性：一是享有必留份的主体范围过窄；二是"保留必要的遗产份额"缺乏明确性，不易操作且标准较低。出于保障一定范围内近亲属的继承利益，平衡各继承人之间的利益，使遗产尽量保留在家庭内部，维护社会公德等目的，一些意见建议以特留份制度取代必留份制度。还有一些意见认为，特留份与必留份的功能不同，建议在保留必留份制度的同时，增加规定特留份制度。

也有一些意见反对引入特留份制度，主要理由为：（1）遗嘱自由在老龄化社会具有重要价值，而特留份制度使特定继承人仅凭身份便可取得部分遗产，会使晚辈对长辈的赡养义务重视不够。（2）特留份制度在适用上具有机械性的缺点，不考虑各个继承人之间实际需求的差别，可能使遗产过度分散，使真正需要遗产来扶养的人不能获得足够的遗产来保障生活。（3）继承规则应当尽量理顺关系、简单化，而特留份制度会使继承制度复杂化，为保障特留份权利而规定的扣减制度，可能引起更多的纠纷，影响交易安全。（4）实践中向法定继承人以外的第三人遗赠的情形最常见于祖孙之间，违反公序良俗原则向第三人遗赠全部财产的情形不多见，引入特留份制度的实际需求不大。（5）特留份与必留份并行的模式虽然意在同时兼顾两种制度的优点，但是在遗产总量不大的情况下，可能会不够分配，不能实现两种制度的价值目标，且对遗嘱自由的限制过大。

我们研究认为，遗嘱自由原则体现了继承法的私法本质，也是世界各国遗嘱立法的共性趋势，对遗嘱自由的限制应当以必要为限。继承法规定遗嘱应当对缺乏劳动能力又没有生活来源的继承人保留必要的遗产份额，既充分尊重了遗嘱人的财产处分权，又保障了有困难的继承人的扶养需求，还有助于弘扬人人自食其力的社会风气。由于继承制度的特殊性，法律规定的继承规则有的已经成为社会传统，对于一些新制度的引入要充分考虑与现有继承规则的协调、实践需求、社会接受度等因素，而目前对引入特留份制度还存在较多不同意见。为此，民法典继承编保留了必留份的规定，没有规定特留份制度。

❖ 案例分析 ❖

原告曲某诉称，原告的父亲曹某甲和原告的母亲曲某某于2000年6月离婚，原告与母亲共同生活。2009年8月9日，原告之父因病去世，去世前于2009年6月4日立遗嘱，遗嘱中将其个人财产全部赠与其侄子曹某，没有给原告留出应得的遗产份额。当时原告只有12岁，且无其他生活来源。该遗嘱违反了继承法第19条的规定，属部分无效。另外，曹某甲的遗产由二被告分得，故二被告应将原告应得的遗产份额给付原告。请求二被告给付原告应得的遗产份额20000元。

被告刘某辩称，本案是遗嘱继承，被继承人曹某甲死亡前立下遗嘱，已经将其遗产作了处分，自己没有取得被继承人的任何遗产。对于曹某甲的遗产，既无权处分，也与自己无关，请求驳回原告对其诉讼请求。被告曹某辩称，遗嘱是其叔叔曹某甲给自己的。叔叔曹某甲将所有遗产都给自己，用来赡养自己的奶奶。

经审理查明，原告之父曹某甲与曲某某于 1995 年 12 月登记结婚。1996 年 12 月婚生一子曹某乙即本案原告曲某。2000 年 6 月原告父母经法院调解离婚，确定婚生子曲某随母亲曲某某抚养，曹某甲付给曲某某子女抚养费至子女独立生活止。2003 年 12 月，被告刘某与曹某甲登记结婚，婚后夫妻共同财产有房屋一栋。2009 年 6 月曹某甲因身患重病，由律师事务所两名律师见证立遗嘱一份："1. 将曹某甲现住房屋属于其个人所有的份额指定由曹某继承。2. 将住房公积金、养老保险金属于其个人所有部分指定由曹某个人继承。3. 补充说明：曹某甲生病治疗花费均由家庭积蓄支付，无外债。"2009 年 8 月 9 日曹某甲因病去世，2010 年 8 月 16 日被告曹某将刘某诉至本院，要求继承曹某甲的遗产。法院民事调解书确定："1. 曹某甲名下的房屋及曹某甲住房公积金、养老保险金归被告刘某所有，被告刘某给付原告曹某财产差价款 55000 元。2. 曹某甲债务 5000 元由被告刘某负责偿还，原告曹某给付被告刘某应承担份额款 2500 元。"2012 年 10 月本案原告诉至本院，请求依法判令二被告给付原告应得遗产份额 20000 元。

法院认为，继承法第 19 条规定，遗嘱应当对缺乏劳动能力又没有生活来源的继承人保留必要的遗产份额。遗嘱必须符合法律规定的条件，才具有法律效力，违反法律强制性规定会导致遗嘱无效或部分无效。抚养未成年和丧失劳动能力的子女、赡养父母是公民的法定义务。继承人具有上述情形的，遗嘱人设立遗嘱时应当保留他们的必要继承份额。被告虽辩称，原告之父曹某甲的遗产纠纷经法院调解结案。但该案调解时，二被告并未告知存在本案原告的继承人身份。虽该调解书已生效，但作为曹某甲唯一遗嘱继承人的被告曹某，应将法律规定的遗嘱人"必留份"返还给原告曲某。考虑被继承人曹某甲家庭成员情况，对原告请求的遗产"必留份"应以15000元为宜。因被告刘某未继承曹某甲的遗产，原告对被告刘某的诉讼请求，本院依法不予支持。

> 第一千一百四十二条 遗嘱人可以撤回、变更自己所立的遗嘱。
> 立遗嘱后，遗嘱人实施与遗嘱内容相反的民事法律行为的，视为对遗嘱相关内容的撤回。
> 立有数份遗嘱，内容相抵触的，以最后的遗嘱为准。

❖ **条文主旨** ❖

本条是关于遗嘱的撤回和变更的规定。

❖ **条文解读** ❖

遗嘱的撤回，是指遗嘱人在立遗嘱后又对该遗嘱加以取消。遗嘱的变更，是指遗嘱人在立遗嘱后又对该遗嘱作出修改。遗嘱的撤回和变更产生的法律后果为遗嘱中被撤回、被变更的内容不发生效力。遗嘱人从立遗嘱到遗嘱生效的这段期间，可能会因种种原因，改变其当初立遗嘱时的意愿。法律允许并保障遗嘱人撤回、变更自己所立的遗嘱，是遗嘱自由原则的必然要求，也是意思自治原则在继承领域的具体体现。继承法第20条规定："遗嘱人可以撤销、变更自己所立的遗嘱。立有数份遗嘱，内容相抵触的，以最后的遗嘱为准。自书、代书、录音、口头遗嘱，不得撤销、变更公证遗嘱。"

对于遗嘱的撤销和变更，民法典继承编在立法过程中，根据各方面的意见和建议，对继承法第20条作了以下三个方面的修改完善：

第三章 遗嘱继承和遗赠

一、将遗嘱的"撤销"修改为"撤回"

根据意思表示的一般理论,民法上的"撤回"与"撤销"是不同的概念。"撤回"是对还未生效的意思表示予以撤回,使其不发生法律效力;而"撤销"是对已经生效的意思表示予以撤销,使其具有溯及力的消灭。遗嘱行为是死因民事法律行为,遗嘱在遗嘱人死亡时生效,遗嘱人只能在其死亡前即遗嘱生效前取消其意思表示,因此,用"撤回"遗嘱更加准确。

二、增加规定了遗嘱视为撤回的情形

在一些情况下,遗嘱人虽然没有以明示的意思表示撤回遗嘱,但是其行为已经表明撤回遗嘱时,应当承认遗嘱人具有撤回遗嘱的意思表示。《最高人民法院关于贯彻执行〈中华人民共和国继承法〉若干问题的意见》(已失效)第39条规定,遗嘱人生前的行为与遗嘱的意思表示相反,而使遗嘱处分的财产在继承开始前灭失、部分灭失或所有权转移、部分转移的,遗嘱视为被撤销或部分被撤销。其他国家和地区的继承法律中也有相关规定。本法在借鉴国外立法例和吸收相关司法解释的基础上,增加规定了遗嘱视为撤回的情形,即"立遗嘱后,遗嘱人实施与遗嘱内容相反的民事法律行为的,视为对遗嘱相关内容的撤回"。需要注意的是,本款强调遗嘱人实施的行为是民事法律行为,即遗嘱人要有设立、变更和终止民事法律关系的意思表示,如果遗嘱人的行为并非出于自己的意愿,如因过失而导致其遗嘱处分的标的物灭失的,不构成对遗嘱的撤回。

三、删除了公证遗嘱优先效力的规定

继承法第20条第3款规定,自书、代书、录音、口头遗嘱,不得撤销、变更公证遗嘱,突出了公证遗嘱的优先效力。在民法典继承编的立法过程中,对于是否要继续赋予公证遗嘱优先效力有不同意见。有的意见认为,目前社会上还存在诚信缺失的现象,公证遗嘱能最大程度保证遗嘱的合法性和真实性，且具有法定证明力，暂不能以其他形式的遗嘱取代公证遗嘱的效力。否则，不仅会大幅提高司法成本，也增加确认遗嘱人真实意愿的难度。该规定实施多年已被社会大众接受，目前存量公证遗嘱很多，如果取消其最高效力，如何处理也是一大难题。另一些意见则认为，公证遗嘱效力优先规则极大地限制了遗嘱自由，并且增加了立遗嘱的成本，当事人立公证遗嘱后只能以公证遗嘱的形式撤回和变更前一公证遗嘱，在遗嘱人生命垂危难以办理公证遗嘱撤回或变更前一公证遗嘱时，限制了遗嘱人真实的意思表示。其他国家的立法例也未赋予公证遗嘱优先效力。我们研究认为，公证遗嘱与其他形式的遗嘱相比，具有证明力更强的特点，然而继承法赋予公证遗嘱在适用效力位阶上的优先性，不允许遗嘱人以其他形式的遗嘱撤回或者变更，存在使遗嘱人的最终意愿不能实现，不当限制遗嘱自由等弊端，有悖于遗嘱制度的宗旨。为切实保障遗嘱人的真实意愿，民法典继承编删除了继承法关于自书、代书等形式的遗嘱不得撤销、变更公证遗嘱的规定，保留了继承法"立有数份遗嘱，内容相抵触的，以最后的遗嘱为准"的规定，即对于遗嘱人所立的内容相抵触的数份遗嘱，以立遗嘱的时间作为认定遗嘱有效的判断标准，无论遗嘱形式如何，遗嘱人最后所立的遗嘱具有优先适用的效力。

> **第一千一百四十三条** 无民事行为能力人或者限制民事行为能力人所立的遗嘱无效。
>
> 遗嘱必须表示遗嘱人的真实意思，受欺诈、胁迫所立的遗嘱无效。
>
> 伪造的遗嘱无效。
>
> 遗嘱被篡改的，篡改的内容无效。

❖ 条文主旨 ❖

本条是关于遗嘱无效的规定。

❖ 条文解读 ❖

遗嘱除了需要符合法律规定的形式方面的要求以外，遗嘱的有效还需要具备民事法律行为有效的条件，这既包括总则编规定的一般条件，也包括继承编规定的特别条件。本法第143条规定，具备下列条件的民事法律行为有效：（1）行为人具有相应的民事行为能力；（2）意思表示真实；（3）不违反法律、行政法规的强制性规定，不违背公序良俗。本条沿袭了继承法第22条的规定，规定了在下列情形下遗嘱无效：

1. 遗嘱人不具有遗嘱能力。遗嘱能力，是指自然人依法享有的可以用遗嘱形式处分个人财产的能力或资格。大多数国家的继承法对遗嘱能力都有规定，遗嘱能力的确定主要是依据遗嘱人的年龄和精神健康状况两个因素。继承法以及本法没有对遗嘱人的遗嘱能力作出专门规定，主要是适用民事行为能力的规定，即只有具有完全民事行为能力的人才可以立遗嘱。没有遗嘱能力的人，即无民事行为能力人或者限制民事行为能力人所立的遗嘱无效。

2. 遗嘱并非遗嘱人真实的意思表示。为了保障遗嘱人的财产处分权以及遗嘱自由，维护合法的遗嘱继承人及受遗赠人的利益，法律要求遗嘱必须表示遗嘱人的真实意思，这就体现在两个方面：一是遗嘱必须出于遗嘱人的自愿，是其内心自由意志的体现，遗嘱人因受欺诈、胁迫所立的遗嘱无效；二是遗嘱的内容真实可靠，确实为遗嘱人的意思表示，伪造的遗嘱、遗嘱被篡改的部分无效。

欺诈、胁迫均构成对当事人意思表示自由的干涉，对于因受欺诈、胁迫而实施的民事法律行为，本法第148条、第150条规定，一方以欺诈、胁迫手段，使对方在违背真实意思的情况下实施的民事法律行为，受欺诈方、受胁迫方有权请求人民法院或者仲裁机构予以撤销。受欺诈方、受胁迫方需要在法律规定的期限内行使撤销权，否则撤销权消灭，因受欺诈、胁迫而实施的民事法律行为自此成为完全有效的民事法律行为。法律赋予受欺诈方、受胁迫方以撤销权，可以使其对自己实施的民事法律行为的效力作出选择，最大限度地尊重其意思自治、保护其合法权益。撤销权针对的是已经生效的民事法律行为，使其具有溯及力的消灭，立遗嘱的行为虽然也是一种民事法律行为，但是遗嘱自被继承人死亡时生效，已经死亡的遗嘱人无法撤销其有瑕疵的意思表示，为此，本法规定受欺诈、胁迫所立的遗嘱无效，区别于一般的因受欺诈、胁迫而实施的民事法律行为的效力。

伪造的遗嘱与遗嘱被篡改的内容属于虚假的遗嘱，遗嘱人并未作出相应的意思表示，因此无效。需要注意的是，伪造与篡改有所区别，伪造的遗嘱是整个遗嘱的意思表示都是假的，因此，遗嘱全部无效；而篡改是在真实遗嘱的基础上对遗嘱的部分内容进行改动，由于遗嘱的内容可能是多方面的，并且各项内容之间可以是相互独立的，因此，遗嘱被篡改的，只是篡改的内容无效，不必然导致整个遗嘱无效，遗嘱中未篡改的内容仍然有效，这也体现了对遗嘱人真实的意思表示尊重。

> **第一千一百四十四条** 遗嘱继承或者遗赠附有义务的，继承人或者受遗赠人应当履行义务。没有正当理由不履行义务的，经利害关系人或者有关组织请求，人民法院可以取消其接受附义务部分遗产的权利。

❖ **条文主旨** ❖

本条是关于附有义务的遗嘱继承或者遗赠的规定。

❖ **条文解读** ❖

附有义务的遗嘱继承或者遗赠，是指遗嘱继承人或者受遗赠人在继承遗嘱人的财产时需要履行遗嘱人对其附加的特定义务，否则其接受附义务部分遗产的权利可能被法院取消的遗嘱继承或者遗赠。

遗嘱人用遗嘱处分个人财产，将财产指定给他人继承时，可以要求继承其财产的人履行特定的义务，这种义务既可以是作为的义务，也可以是不作为的义务。只要遗嘱人附加的义务不违反法律的强制性规定以及不违背公序良俗，遗嘱人的这种安排是法律所允许的，这不仅能充分发挥遗嘱人财产的价值，还能让遗嘱人的遗愿得以实现，充分尊重遗嘱人的意思表示。继承法第21条规定，遗嘱继承或者遗赠附有义务的，继承人或者受遗赠人应当履行义务。没有正当理由不履行义务的，经有关单位或者个人请求，人民法院可以取消他接受遗产的权利。根据继承法的规定，附有义务的遗嘱既可以适用于遗嘱继承，也可以适用于遗赠。

民法典继承编对于附有义务的遗嘱继承和遗赠在继承法第21条的基础上作了修改完善。在理解本条规定时，需要注意以下几个方面：

一是遗嘱继承人或者受遗赠人履行遗嘱所附的义务的前提为接受继承或者遗赠。立遗嘱是单方民事法律行为，遗嘱人在遗嘱中为遗嘱继承人或者受遗赠人附加义务时，并不需要和遗嘱继承人或者受遗赠人达成合意。由于遗嘱所附的义务附随于遗嘱继承权或者受遗赠权，在遗嘱生效后，遗嘱继承人和受遗赠人可以通过接受或者放弃继承和受遗赠的方式选择是否履行遗嘱所附加的义务。遗嘱继承人或者受遗赠人如果接受继承或者受遗赠，则应当履行该义务；如果放弃继承或者受遗赠，则没有履行该义务的责任。

二是遗嘱继承人或者受遗赠人不履行遗嘱所附义务的法律后果为由法院取消其接受附义务部分遗产的权利。如果遗嘱人在遗嘱中为继承人或者受遗赠人接受遗产附加了义务，实际上为继承人或者受遗赠人取得遗产设置了条件，继承人或者受遗赠人只有履行了相关义务，才符合取得遗产的条件。如果继承人或者受遗赠人无正当理由不履行遗嘱所附义务的，就不符合取得遗产的条件，其取得遗产的行为违背了遗嘱人意愿，法律需要规定相应的救济措施。本法规定，对于没有正当理由不履行义务的遗嘱继承人或者受遗赠人，经相关主体申请，法院可以取消其接受附义务部分遗产的权利。继承法规定法院可以取消不履行义务的继承人或者受遗赠人"接受遗产的权利"，本法将其修改为"接受附义务部分遗产的权利"，将可以取消接受的遗产范围界定得更为明确。

三是可以向法院申请取消义务人接受遗产的权利的主体为利害关系人或者有关组织。由于遗嘱生效时遗嘱人已经死亡，为了保障遗嘱中所附义务的履行和遗嘱人意愿的实现，就需要由相关主体监督义务人履行相应义务。本法规定如果遗嘱继承人或者受遗赠人不履行义务，利害关系人或者有关组织向法院申请取消义务人接受附义务部分遗产的权利。利害关系人或者有关组织可以为法定继承人、遗嘱执行人、因遗嘱所附义务的履行而受益的自然人和组织等。

第四章　遗产的处理

本章共十九条，规定了遗产处理的程序和规则，并在继承法的基础上，进一步完善了有关遗产处理的制度：一是增加遗产管理人制度，明确了遗产管理人的产生方式、职责和权利等内容。二是完善遗赠扶养协议制度，适当扩大扶养人的范围，明确继承人以外的组织或者个人均可以成为扶养人，以满足养老形式多样化需求。三是完善无人继承遗产的归属制度，明确归国家所有的无人继承遗产应当用于公益事业。

> 第一千一百四十五条 继承开始后，遗嘱执行人为遗产管理人；没有遗嘱执行人的，继承人应当及时推选遗产管理人；继承人未推选的，由继承人共同担任遗产管理人；没有继承人或者继承人均放弃继承的，由被继承人生前住所地的民政部门或者村民委员会担任遗产管理人。

❖ **条文主旨** ❖

本条是关于遗产管理人选任的规定。

❖ **条文解读** ❖

遗产管理人是在继承开始后遗产分割前，负责处理涉及遗产有关事务的人。被继承人死亡后，如何处理遗产不仅涉及继承人之间的利益分配，还涉及被继承人生前的债权人的利益。因此，需要有人妥善保管遗产，并在不同主体之间分配好遗产。继承法未规定遗产管理人，随着我国经济的快速发展，人民群众的财富不断增加，自然人死亡后，留下的遗产也往往很多，很多被继承人在留下巨额遗产的同时，也还有很多债务需要偿还，因此，建立遗产管理人制度显得越来越有必要。

本条规定，继承开始后，遗嘱执行人为遗产管理人；没有遗嘱执行人的，继承人应当及时推选遗产管理人；继承人未推选的，由继承人共同担任遗产管理人；没有继承人或者继承人均放弃继承的，由被继承人生前住所地的民政部门或者村民委员会担任遗产管理人。根据本条规定，可以由以下主体担任遗产管理人：

1. 由遗嘱执行人担任遗产管理人。遗嘱执行人是遗嘱人在遗嘱中指定的执行遗嘱事务的人。一般而言，遗嘱执行人都是被继承人信任之人，否则被继承人是不会在遗嘱中指定其为遗嘱执行人。被继承人在遗嘱中指定有遗嘱执行人的情况下，由遗嘱执行人担任遗产管理人更为合理：一方面，遗嘱执行人是被继承人信任的人，由其管理遗产更符合被继承人意愿。另一方面，遗嘱执行人执行遗嘱本来就需要处理遗产，由其担任遗产管理人也更为便利。

2. 由继承人推选出遗产管理人。并非所有自然人生前都会立遗嘱，即便立遗嘱也未必指定遗嘱执行人。没有遗嘱执行人还可能是因为遗嘱执行人死亡。被继承人对于由谁管理遗产并未作出任何意思表示。被继承人死亡后，一般而言，为了处理被继承人的后事，继承人之间都会推选出主事之人，负责处理被继承人的丧葬奠仪、遗产分割等善后事务。本条规定，没有遗嘱执行人时，由被继承人推选出遗产管理人，这也符合通常做法。所谓推选，就是全体继承人共同推举出其中一名或者数名继承人为遗产管理人。至于全体继承人之间按照何种规则推选，是按照少数服从多数的规则还是全体一致同意的规则，则由继承人之间协商确定。

3. 由继承人共同担任遗产管理人。如果继承人未推选遗产管理人，则由全体继承人共同担任遗产管理人。没有推选可能是由于以下两种情况之一：第一，继承人人数少，没必要推选遗产管理人，或者继承人达成一致由全体共同管理遗产；第二，继承人之间无法推选出一致认可的遗产管理人。在全体继承人担任遗产管理人时，就涉及全体继承人如何作出决策的问题，此时也需要由全体继承人协商达成一致。

4. 由民政部门或者村民委员会担任遗产管理人。被继承人死亡后，如果没有继承人或者继承人均放弃继承时，遗产就属于无人继承的遗产，根据继承编的规定，此种遗产的归属需要根据被继承人的身份作不同的处理：如果被继承人是集体所有制组织成员的，遗产归其生前所在的集体所有制组织所有；如果被继承人并非集体所有制组织成员的，则其遗产归国家所有并用于公益事业。因此，为了妥善保管并更好地处理被继承人的遗产，城镇的无人继承遗产由民政部门担任遗产管理人更为妥当；农村居民生前作为集体所有制组织成员，享受了集体所有制组织的很多权益，遗产由其所在的村民委员会管理也是合理的。

> **第一千一百四十六条** 对遗产管理人的确定有争议的，利害关系人可以向人民法院申请指定遗产管理人。

❖ **条文主旨** ❖

本条是关于法院指定遗产管理人的规定。

❖ **条文解读** ❖

上条规定了遗产管理人选任的规则，如果遗嘱执行人、继承人之间就遗嘱管理事务达成一致，按照法律规定的顺序选任遗产管理人即可。但是遗产管理毕竟涉及诸多人的利益，难免会因为选任谁担任遗产管理人而发生争议。因遗产管理人确定发生的争议，可能有三种：第一种就是遗嘱执行人不愿意参与遗产管理，或者多个遗嘱执行人之间因遗产管理发生纠纷；第二种就是继承人之间因为遗产管理发生纠纷；第三种就是其他利害关系人对遗产管理人的确定有异议。所谓其他利害关系人是指遗嘱执行人、继承人之外的与遗产有利害关系的当事人，如受遗赠人。

1. 管辖法院。民事诉讼法第33条第3项规定，因继承遗产纠纷提起的诉讼，由被继承人死亡时住所地或者主要遗产所在地人民法院管辖。根据该规定，涉及继承遗产的纠纷应当由特定法院专属管辖。确定遗产管理人的纠纷也属于因继承遗产引发的纠纷，故也应由被继承人死亡时的住所地或者主要遗产所在地法院管辖，由这两类法院管辖，主要是被继承人死亡时的住所地和主要遗产所在地的法院，与遗产存在密切联系，便于了解案情，能够更便利地审理此类纠纷。

2. 提起诉讼的主体。本条规定利害关系人如果就遗产管理人的确定有疑义，均可以请求人民法院指定。这里的利害关系人一般包括遗嘱执行人、继承人、被继承人生前住所地的民政部门或者村民委员会，以及受遗赠人等与遗产有利害关系的人。

3. 人民法院指定遗产管理人的范围。继承编第1145条规定遗产管理人选任的范围包括遗嘱执行人、继承人、民政部门或者村民委员会。因此，人民法院也可在这些主体中指定遗产管理人。如果是多个遗嘱执行人因为担任遗产管理人有争议，则可以指定一名或者数名遗嘱执行人为遗产管理人；如果是遗嘱执行人与继承人之间因遗产管理有纠纷，则可以在遗嘱执行人与继承人之间选择一人或者数人担任遗产管理人；如果是继承人之间因遗产管理人的确定发生纠纷，则应当在继承人之间指定合适的遗产管理人；如果是被继承人生前住所地的民政部门或者村民委员会之间因遗产管理人的确定发生纠纷，则需要在两者之间确定合适的机构担任遗产管理人。人民法院确定遗产管理人应当结合被继承人生前所立遗嘱等有关文件，尽量尊重被继承人的内心意愿，同时应当根据候选人的能力水平、与被继承人的关系亲疏程度、公信力等来确定。

第四章 遗产的处理

> **第一千一百四十七条** 遗产管理人应当履行下列职责：
> （一）清理遗产并制作遗产清单；
> （二）向继承人报告遗产情况；
> （三）采取必要措施防止遗产毁损、灭失；
> （四）处理被继承人的债权债务；
> （五）按照遗嘱或者依照法律规定分割遗产；
> （六）实施与管理遗产有关的其他必要行为。

◆ **条文主旨** ◆

本条是关于遗产管理人职责的规定。

◆ **条文解读** ◆

遗产管理人选任之后，就要承担起管理遗产的职责。遗产管理人管理遗产就要实施各种管理遗产的行为，法律也就有必要明确遗产管理人职责的权限和范围。遗产管理人应当在法律规定的权限范围内实施管理遗产的行为。

根据本条规定，遗产管理人的职责包括以下几个方面：

一是清理遗产并制作遗产清单。遗产管理人要管理遗产，首先就必须掌握被继承人所遗留的遗产有哪些。因此，遗产管理人的首要职责就是清理遗产。清理遗产就是要清查整理所有的遗产，既要清理被继承人遗留的动产，也要清理不动产；既要清理有形财产，也要清理无形资产；既要清理债权，也要清理债务。清理遗产还包括应当将被继承人的个人财产与家庭共有财产予以区分，将个人财产与夫妻共同财产予以区分。遗产管理人在清理遗产时，就要实施清点遗产的必要行为。比如，向占有遗产的继承人、利害关系人了解情况，查询被继承人投资的公司的财务状况,向银行查询被继承人的存款情况等。其他相关主体应当予以配合,确保遗产管理人能够依法履行职责。遗产管理人在清理遗产后,应当制作书面的遗产清单,详细列明被继承人遗留的所有财产情况、债权债务情况等。

二是向继承人报告遗产情况。继承人是有权参与遗产分割的人,与遗产有密切的利害关系。遗产管理人清理遗产并制作遗产清单后,应当向继承人报告遗产情况。首先,遗产管理人应当向全体继承人报告,既包括遗嘱继承人,也包括法定继承人。虽然被继承人生前的债权人要通过遗产清偿实现自己的债权,受遗赠人也可以获得被继承人所赠与的财产,但本项并未规定遗产管理人必须向债权人、受遗赠人报告遗产情况。因此,遗产管理人报告的对象限于继承人,而不包括受遗赠人和被继承人的债权人。其次,报告的形式应当是书面形式,因为第1项规定遗产管理人有制作遗产清单的义务,遗产管理人制作遗产清单后,就应当以书面形式向继承人报告。最后,报告的内容。遗产管理人应当向继承人全面报告遗产情况,就是要把所有的遗产情况告知全体继承人,包括各种不同的遗产类型,以及被继承人的债权债务等。当然,如果被继承人在遗嘱中特别说明某项遗产应当秘密归属于某个特定的继承人,则不宜向全体继承人公布。

三是采取必要措施防止遗产毁损、灭失。遗产管理人不仅需要清点遗产,还需要承担起积极妥善保管遗产的职责。在发现遗产存在毁损、灭失的风险时,就要采取必要的措施防止遗产毁损、灭失。遗产管理人在接受遗产后,应当妥善保管遗产,这是遗产管理人最基本的职责。遗产的毁损、灭失包括两种情况:第一种就是物理上的毁损、灭失。比如,遗产中包括易腐烂的水果、海鲜等,此类遗产如果不及时采取措施处理,可能腐败变质失去价值。遗产管理人此时就应当将此类遗产予以出售变现，保留其现金价值。第二种就是法律上的毁损、灭失。比如，遗产中的部分动产遭受侵权威胁，或者被侵权人占有，甚至被犯罪分子盗窃等。遗产的完整权利受到威胁，此时遗产管理人也应当采取必要的法律措施，确保遗产不遭受非法侵害。需要注意的是，遗产管理人仅有防止遗产毁损、灭失的职责，而没有确保遗产增值的义务。比如，遗产中有上市公司股票若干，若正值股票市场动荡时期，股票价值波动很大，遗产管理人是否有必要根据市场价格情况将此股票出售，以防止股票贬值呢？遗产管理人对遗产不宜有太大的处分权，只要确保遗产处于正常状态，不至于毁损、灭失即可。当然，如果遗产管理人是由全体继承人共同担任，在全体继承人协商一致的情况下对遗产实行必要的处分，也是可以的。

四是处理被继承人的债权债务。遗产不仅包括各种动产、不动产，还包括被继承人所享有的各种债权。遗产管理人的职责之一就是处理被继承人的债权债务。首先是处理债权。遗产管理人在清理遗产时，发现被继承人生前有债权的，应当依法向债务人主张债权，这种债权既包括合同之债，也包括侵权之债，还包括不当得利和无因管理之债。只要债务人未偿还所欠被继承人的债务，遗产管理人就可以通过各种方式（包括诉讼方式）依法请求债务人偿还。其次是处理债务。在分割遗产之前，应当清偿被继承人生前债务。因此，遗产管理人如果发现被继承人生前负有债务的，也应当以遗产偿还此债务。当然，如果发现被继承人所遗留的债权债务仍处于诉讼程序之中，尚未最终确定，此时，遗产管理人就应当积极参与相关诉讼，依法维护遗产所涉及的权益，确保遗产利益最大化。遗产管理人处理完债权债务后，也应当将处理情况向继承人报告，以便继承人掌握遗产的实际情况。

五是按照遗嘱或者依照法律规定分割遗产。遗产管理人妥善保管遗产仅仅是暂时性职责，其最终任务就是分割遗产。遗产管理人分割遗产的依据包括：第一是遗嘱要求。如果被继承人生前留下了遗嘱，遗产管理人首先需要根据被继承人所立遗嘱处理遗产。如果遗嘱指定由特定继承人继承某些遗产，则应当将该等遗产分配给特定继承人；如果遗嘱中明确将某些遗产赠与特定的个人或者组织，遗产管理人应当遵从遗嘱的要求，将该遗产交由遗嘱指定的受遗赠人。第二是法律规定。如果被继承人生前没有留下遗嘱，遗产管理人需要按照法定继承的相关规则来分割遗产。此时，遗产管理人必须按照继承编第二章法定继承中所规定的继承人范围、顺序、分配原则等分割遗产。当然，如果被继承人生前签订了遗赠扶养协议，那么遗产管理人就应当优先按照遗赠扶养协议的约定来处理遗产。

六是实施与管理遗产有关的其他必要行为。遗产管理人除了实施前面5项管理遗产的必要行为之外，还应当实施其他与管理遗产有关的必要行为，比如，参与涉及遗产的有关事项，对遗产情况开展必要的调查等。本项为兜底性的规定，只要基于管理遗产的需要，遗产管理人就可以实施相关的行为，确保遗产得到妥善有效的管理。

> 第一千一百四十八条　遗产管理人应当依法履行职责，因故意或者重大过失造成继承人、受遗赠人、债权人损害的，应当承担民事责任。

❖ **条文主旨** ❖

本条是关于遗产管理人责任的规定。

❖ **条文解读** ❖

一、遗产管理人应当依法履行职责

遗产管理人在管理遗产过程中，应当依法履行职责。遗产管理人在管理遗产时，首先，应当遵守继承编的相关规定，按照上条规定的权限实施管理遗产的各项行为，包括清理遗产、制作遗产清单、报告遗产情况、处理债权债务、分割遗产等。不管遗产管理人实施哪种行为，都应当尽职尽责，不得滥用管理权限。其次，遗产管理人在管理遗产时，不得违反法律，也不得违背公序良俗。不得违反法律就是应当遵守有关法律的规定，比如，被继承人生前欠有税款，遗产管理人就应当依法缴纳所欠税款，而不得违法偷税漏税。此外，如果遗产所在地对处理特定遗产有特殊的风俗习惯，遗产管理人也应当尊重这些习俗。

二、遗产管理人的法律责任

遗产管理人如果未依法履行职责，根据本条规定，如果是因故意或者重大过失造成继承人、受遗赠人、债权人损害的，应当承担民事责任。因此，遗产管理人承担民事责任的构成要件包括：第一，遗产管理人在客观上实施了不当的遗产管理行为。遗产管理人必须是在实施遗产管理过程中给利害关系人造成了损害。如果不是因为遗产管理行为损害了继承人、受遗赠人、债权人的利益，则不属于本条规定的范畴，应当按照侵权责任编或者其他法律的规定承担责任。第二，遗产管理人在主观上有故意或者重大过失。所谓故意，就是明知会侵害他人权益而为之。所谓重大过失，就是违反一般正常管理者应尽的谨慎注意义务。第三，遗产管理人的行为给继承人、受遗赠人、债权人造成了损害，也就是遗产管理人的不当管理行为造成遗产的损失，进而损害了继承人、受遗赠人、债权人的利益。遗产管理人的前述行为造成继承人、受遗赠人、债权人损害的，需要承担民事责任，即需要承担赔偿损失等责任。

第一千一百四十九条　遗产管理人可以依照法律规定或者按照约定获得报酬。

◆ **条文主旨** ◆

本条是关于遗产管理人获得报酬的规定。

◆ **条文解读** ◆

遗产管理人管理遗产必然需要耗费时间和精力,特别是对于巨额遗产的管理人而言,需要花费更多的精力。遗产管理人不仅要履行法律规定的职责,还需要承担因过错造成利害关系人损失的责任。权利应当与义务相匹配,赋予遗产管理人获得报酬的权利是有必要的,也是合理的。

本条规定,遗产管理人可以依照法律规定或者按照约定获得报酬。首先,遗产管理人可以获得报酬,也可以不收取报酬。是否获得报酬,需要视具体情况而定,遗产管理人可以要求获得报酬,也可以不要求有报酬。其次,如果法律规定遗产管理人有权获得报酬的,遗产管理人可以要求获得报酬;如果当事人之间约定遗产管理人可以获得报酬的,根据此约定,遗产管理人也可以获得报酬。最后,遗产管理人报酬的多少可以由当事人约定,如果是人民法院指定遗产管理人的,人民法院可以酌情确定遗产管理人的报酬。

> **第一千一百五十条** 继承开始后,知道被继承人死亡的继承人应当及时通知其他继承人和遗嘱执行人。继承人中无人知道被继承人死亡或者知道被继承人死亡而不能通知的,由被继承人生前所在单位或者住所地的居民委员会、村民委员会负责通知。

◆ **条文主旨** ◆

本条是关于继承开始通知的规定。

❖ **条文解读** ❖

一、继承开始通知的重要性

继承开始意味着继承人范围的确定、继承人和受遗赠人能够作出接受与放弃的意思表示等。继承开始的通知直接影响利害关系人权利的行使与放弃。首先，继承开始通知对于继承人而言，意味着继承人是否享有继承权，能否作出接受与放弃的意思表示。因为只有在继承开始后，继承人才能判断自己是否在继承人的范围内，是否享有继承权，能否作出接受与放弃继承的意思表示，如果继承人未收到继承开始的通知，将无法作出判断。其次，继承开始通知对遗嘱执行人也很重要，继承开始，意味着遗嘱生效，遗嘱执行人就需要开始执行遗嘱。如果遗嘱执行人没有收到继承开始通知，就无法判断遗嘱是否开始生效，是否需要执行遗嘱。再次，继承开始的通知对于受遗赠人而言同样重要，因为受遗赠人在知道受遗赠后，即接到继承开始通知并知悉受遗赠的事实，就必须在法定期限内作出是否接受遗赠的意思表示，如果没有作出的视为拒绝接受。如果受遗赠人未收到继承开始的通知，其无从知道是否受遗赠，作出是否接受遗赠的意思表示也就无从谈起。最后，继承通知对于遗赠扶养协议中的扶养人、债权人等其他利害关系人而言，也很重要。对于遗赠扶养协议一方的扶养人而言，在继承开始后，就可以根据协议约定取得受遗赠的财产。对于债权人而言，在收到继承开始的通知后，就可以向遗产管理人主张通过遗产实现债权。

二、继承开始通知的义务人

本条规定，继承开始后，知道被继承人死亡的继承人应当及时通知其他继承人和遗嘱执行人。首先，负有继承开始通知义务的人是继承人。通常来说，与被继承人共同生活的继承人最先知道被继承人死亡的事实。因此，继承人知道被继承人死亡时，有义务及时通知其他继承人和遗嘱执行人。

本条还规定，继承人中无人知道被继承人死亡或者知道被继承人死亡而不能通知的，由被继承人生前所在单位或者住所地的居民委员会、村民委员会负责通知。被继承人死亡时，可能没有继承人知道被继承人死亡的事实，或者因为继承人是无民事行为能力人而无法通知，在此情况下，法律规定被继承人生前所在单位或者住所地的居民委员会、村民委员会有通知义务。因此，负有继承开始通知义务的主体还包括被继承人生前所在单位、住所地的居民委员会或者村民委员会。被继承人生前所在单位就是被继承人生前最后工作的单位，可能是被继承人尚在服务的单位，也可能是被继承人退休的单位。由于很多企业的人员退休后，养老都转入社保部门，与单位不再有联系，所以被继承人生前所在单位也未必知道其死亡的事实，在这种情况下，就由被继承人住所地的居民委员会或者村民委员会负责通知。

当然，除了法律规定的通知义务人之外，其他知晓被继承人死亡事实的主体，也可以告知利害关系人被继承人死亡的事实。

三、继承开始通知的发出

本条规定，继承人应当及时通知其他继承人和遗嘱执行人。根据第1121条第1款规定，继承从被继承人死亡时开始。因此，从时间上而言，在继承人等通知义务人知悉被继承人死亡的事实后，应当及时通知其他继承人、遗嘱执行人。所谓及时通知就是立刻而不迟延地发出继承开始的通知。

发出继承开始通知的方式，既可以是口头通知，也可以是书面通知。随着现代信息技术的发展，通知方式可以灵活多样，可以是电话通知、短信通知或者借助其他互联网即时通讯工具发出通知。

> **第一千一百五十一条** 存有遗产的人，应当妥善保管遗产，任何组织或者个人不得侵吞或者争抢。

❖ **条文主旨** ❖

本条是关于遗产保管的规定。

❖ **条文解读** ❖

遗产是被继承人遗留的个人遗产，是被继承人生前享有所有权的财产。被继承人死亡后，遗产的所有权随之转移。被继承人生前可能占有控制着自己所有的财产，这些财产也可能被其他人占有控制。继承人死亡后，就涉及遗产的保管问题。

本条规定，存有遗产的人，应当妥善保管遗产，任何组织或者个人不得侵吞或者争抢。

一、妥善保管遗产

根据本条规定，只要是存有遗产的人，都有义务妥善保管遗产。一是负有保管义务的主体是存有遗产的人。不管什么人，只要存有遗产，都有保管义务。被继承人死亡后，有的遗产可能由继承人占有，有的遗产可能是银行存款，有的遗产可能是由他人承租的不动产，有的遗产可能被他人借用，有的遗产可能被被继承人所投资公司其他股东所控制，有的专利可能被其他许可人使用着。不论是什么人存有遗产，都有义务对这些遗产予以保管。即便继承人放弃了继承，如果继承人存有遗产，也有义务保管好直至其他继承人接手。二是必须妥善保管。存有遗产的人，必须像善良管理人一样保管好遗产，确保遗产不被损害、毁损或者灭失。妥善保管就是维持遗产的正常状态。这种保管仅仅是一种消极性的义务，保管人并没有义务确保遗产保值增值。比如，存有的遗产是有价证券，市场价值波动很大，保管人没有义务根据市场行情予以变现防止价值贬损。但是，如果存有的是易腐败的食品等遗产，保管人就有义务予以变卖、拍卖，防止遗产腐败丧失价值。如果存有遗产的人与被继承人没有合同或者其他法律关系，此时即构成无因管理关系，需要根据无因管理的法律规定承担义务，享有权利。

存有遗产的人如果不愿意保管遗产，在遗产管理人确定之后，就应当将遗产交给遗产管理人保管。

二、不得侵吞或者争抢遗产

本条还规定，任何组织或者个人都不得侵吞或者争抢。存有遗产的人有妥善保管遗产的义务，而对于其他人而言，则不得侵害遗产。一方面，对于存有遗产的人来说，其必须妥善保管遗产，但不得侵吞遗产。所谓侵吞就是不能据为己有，不论谁存有遗产，都必须如实告知遗产管理人其存有遗产的事实，在其不愿意继续保管时，还应当将遗产交由遗产管理人保管。即便根据继承人所留下的遗嘱该遗产由其继承或者受遗赠，存有遗产的继承人或者受遗赠人也必须告知遗产管理人，遗产由其存有。比如，甲生前留有一份遗嘱，遗嘱中将其所有的名人字画一幅A指定由其孙子乙继承。乙由于办画展需要，曾向甲借用A字画，画展结束后未归还给甲而是继续留在自己家中。甲死亡后，乙得知遗嘱指定了A字画由其继承，此时，乙也应当将其存有A字画的事实告知其他继承人或者遗嘱执行人。另一方面，不论遗产由谁保管，其他任何组织和个人都不得争抢。虽然遗产最终都将由继承人分割，但只要遗产不是由继承人存有，任何继承人都不得争抢，继承人之外的人也不得争抢。不仅个人不得争抢，任何组织也不得争抢。当然，如果遗产被依法征收、征用的，需要由享有法定权限的机关按照法定程序实施，也必须依法给予补偿。

侵吞或者争抢遗产，都需要依法承担责任。不仅可能需要承担相应的民事责任，甚至可能因为其实施的行为构成犯罪而需要承担刑事责任。

当然，如果遗产管理人因为清理、管理遗产的需要，要求存有遗产的人交出遗产，存有遗产的人就应当将遗产交由遗产管理人统一管理，以便遗产管理人清理遗产、制作遗产清单并依法对遗产进行分割。

> **第一千一百五十二条** 继承开始后，继承人于遗产分割前死亡，并没有放弃继承的，该继承人应当继承的遗产转给其继承人，但是遗嘱另有安排的除外。

◆ **条文主旨** ◆

本条是关于转继承的规定。

◆ **条文解读** ◆

继承根据继承人是否本人实际继承，可以分为本继承、代位继承和转继承。本继承就是继承人自己在继承顺序之中直接继承被继承人财产。代位继承就是在继承顺位之中的继承人于被继承人死亡前死亡，而由其特定晚辈亲属代位继承。被代为继承的人称为被代位继承人，实际继承的人称为代位继承人。转继承就是继承人本人在遗产分割前死亡，其应得的遗产份额转由其继承人继承。被转为继承的人称为被转继承人，实际继承的人称为转继承人。

本条规定，继承开始后，继承人于遗产分割前死亡，并没有放弃继承的，该继承人应当继承的遗产转给其继承人，但是遗嘱另有安排的除外。根据本条规定，发生转继承的条件包括：一是被转继承人在被继承人死亡后，遗产分割前死亡。被转继承人只有在此特定的时段死亡才发生转继承的问题。如果在被继承人死亡前死亡，则可能发生代位继承的问题；如果在遗产分割之后死亡的，则是一个新的继承问题，不存在转继承。二是被转继承人未放弃继承。如果被继承人死亡后，继承人放弃继承的，继承人的继承权已经不复存在，所谓的转继承也就无从谈起。三是遗嘱没有其他安排。所谓遗嘱没有其他安排，就是被继承人在其遗嘱中，没有特别说明所留遗产仅限于给继承人本人，不得转继承给其他人。

转继承的法律后果是，继承人应当继承的遗产转给其继承人。所谓继承人应当继承的遗产，就是不管根据法定继承还是遗嘱继承，只要应由继承人继承的财产，都适用转继承。转给其继承人，就是被转继承人应得到的一切遗产都转由其继承人继承。如被继承人甲有两个儿子，大儿子乙和小儿子丙。甲死亡后，留有遗嘱指定将其中的一古董瓷瓶传给其长子乙，对于其他财产未作处理。在遗产分割前，乙也不幸死亡，生前未作任何放弃继承的意思表示。乙的继承人中仅有已出嫁的女儿丁。在分割遗产时，丁欲取走该瓷瓶。丙认为该古董系传家之宝，应当由其继承，故拒绝交给已经外嫁的丁。根据转继承的有关规定，由于甲在遗嘱中明确指定该古董由乙继承，虽然乙在遗产分割前死亡，但因其并未放弃继承，故其应得的遗产应通过转继承来继承。作为乙的继承人丁，有权经转继承取得该瓷瓶，丙不得拒绝。

代位继承与转继承有一定的相似之处，代位继承和转继承发生的前提都是继承人死亡，但二者也有诸多不同：一是基础事实不同。虽然代位继承与转继承中继承人死亡是基础，但代位继承中继承人是先于被继承人死亡，而转继承中继承人是后于被继承人死亡。二是继承人的范围不同。代位继承的代为继承的继承人范围限于特定晚辈血亲；转继承人包括所有法定继承人。三是适用范围不同。代位继承仅限于法定继承；转继承则既适用于法定继承，也适用于遗嘱继承。

> **第一千一百五十三条** 夫妻共同所有的财产，除有约定的外，遗产分割时，应当先将共同所有的财产的一半分出为配偶所有，其余的为被继承人的遗产。
> 　　遗产在家庭共有财产之中的，遗产分割时，应当先分出他人的财产。

◆ **条文主旨** ◆

本条是关于遗产确定的规定。

◆ **条文解读** ◆

遗产是被继承人死亡时遗留的个人合法财产。确定个人遗产时，对于所有权明确属于被继承人个人所有的财产，自然属于遗产范畴。比如，被继承人生前个人使用的珠宝等。但在大多数情况下，被继承人都不是独自生活的，而是与其他继承人共同生活，财产也往往是共同使用、共同所有。本条的规定就是针对被继承人与其他人共有财产时应当如何确定遗产的问题。

一、遗产从夫妻共同财产中划分

本条第1款规定，夫妻共同所有的财产，除有约定的外，遗产分割时，应当先将共同所有的财产的一半分出为配偶所有，其余的为被继承人的遗产。因此，对于共同生活的夫妻而言，首先需要区分个人财产与夫妻共同财产。这需要根据夫妻财产制来判断：如果夫妻实行分别财产制，由于夫妻双方约定财产归各自所有，任何一方的财产都比较好确定；如果实行的是夫妻共同财产制，那就需要根据财产的状况来判断属于共同财产还是个人财产。

婚姻家庭编第 1063 条规定了属于夫妻一方财产的情形，具体包括：（1）一方的婚前财产；（2）一方因受到人身损害获得的赔偿或者补偿；（3）遗嘱或者赠与合同中确定只归一方的财产；（4）一方专用的生活用品；（5）其他应当归一方的财产。根据该条规定，被继承人的婚前财产、明确指定受赠人为其个人的财产、专用生活用品等，这些都属于个人财产，因此，也就属于遗产的范畴。

第 1062 条规定了夫妻共同财产的范围，该条第 1 款规定："夫妻在婚姻关系存续期间所得的下列财产，为夫妻的共同财产，归夫妻共同所有：（一）工资、奖金、劳务报酬；（二）生产、经营、投资的收益；（三）知识产权的收益；（四）继承或者受赠的财产，但是本法第一千零六十三条第三项规定的除外；（五）其他应当归共同所有的财产。"对于这些夫妻共同财产，必须先予以分割，才能确定哪些属于被继承人的个人财产。根据本条第 1 款的规定，对于夫妻共同财产，除有约定的外，遗产分割时，应当先将共同所有的财产的一半分出为配偶所有，其余的为被继承人的遗产。因此，对于夫妻共同财产，除非被继承人与其配偶另有约定，应当按各分一半的原则予以分割，故需要将其中的一半分给其配偶，剩下的一半才属于被继承人的遗产。

二、遗产从家庭共同财产中划分

本条第 2 款规定，遗产在家庭共有财产之中的，遗产分割时，应当先分出他人的财产。被继承人与家庭成员共同生活，势必与其他家庭成员有家庭共同财产。在分割遗产时，也必须将其个人的共有份额划分出来，确定为遗产。比如，在承包土地经营的农户中有一家庭成员死亡，由于土地承包经营是以家庭为单位，在分割遗产时，就需要根据农村土地承包法的规定予以分割。农村土地承包法第32条第1款规定:"承包人应得的承包收益,依照继承法的规定继承。"因此,可以继承的仅为被继承人应得的承包收益,即开展承包经营获得的部分收益。再比如,甲一家四口在城市购买商品房一套,该房产的所有权属于按份共有产权,其中甲享有70%的所有权,其余三口人各占10%的所有权份额。甲死亡后,就应当将其所有的70%的产权划分出来,只有这70%的商品房的建筑物区分所有权属于遗产。

> 第一千一百五十四条 有下列情形之一的,遗产中的有关部分按照法定继承办理:
> (一)遗嘱继承人放弃继承或者受遗赠人放弃受遗赠;
> (二)遗嘱继承人丧失继承权或者受遗赠人丧失受遗赠权;
> (三)遗嘱继承人、受遗赠人先于遗嘱人死亡或者终止;
> (四)遗嘱无效部分所涉及的遗产;
> (五)遗嘱未处分的遗产。

◆ **条文主旨** ◆

本条是关于按法定继承办理的规定。

◆ **条文解读** ◆

根据本法第1123条的规定,在涉及遗产处理的各种方式中,遗赠扶养协议最具优先效力,如果被继承人生前签订了遗赠扶养协议,应当先按遗赠扶养协议处理遗产;如果被继承人立了遗嘱,则应该再按照遗嘱的内容处理遗产;最后才是按照法定继承来处理遗产。但是遗赠扶养协议、遗嘱都可能因为种种原因而无法或者不用执行，这就涉及这些遗产应当如何处理的问题。

法定继承作为法律规定的继承方式，能够填补被继承人的遗愿空白。因此，在被继承人未就遗产作处分或者所作处分因特定原因而不实际发生效力时，就需要按照法定继承处理被继承人的遗产。根据本条规定，在以下几种情况下，应当按照法定继承处理被继承人的遗产：

一是遗嘱继承人放弃继承或者受遗赠人放弃受遗赠。根据本法第1124条的规定，继承开始后，继承人可以放弃继承，受遗赠人可以放弃受遗赠。如果遗嘱继承人放弃遗嘱继承，那么遗嘱所涉及的部分遗产，就转为根据法定继承办理；同样，如果受遗赠人在知道受遗赠后明确表示放弃受遗赠的，或者在60日内未作出接受遗赠的意思表示的，就视为放弃受遗赠，被继承人遗赠的那部分遗产应按照法定继承办理。比如，甲在遗嘱中说明，将其所藏名人字画一幅赠与好友乙。甲死亡后，乙不愿意接受此名人字画，表示此字画还是留给甲的家人更为合适。乙作出了放弃受遗赠的意思表示，故此名人字画就应当由甲的继承人按照法定继承处理。

二是遗嘱继承人丧失继承权或者受遗赠人丧失受遗赠权。本法第1125条规定了继承人丧失继承权、受遗赠人丧失受遗赠权的法定事由。遗嘱继承人如果实施了法律规定的会导致丧失继承权的行为，丧失继承权后也未得到被继承人的宽恕，继承权未能恢复，本来根据遗嘱应由其继承的遗产，因其丧失继承权而转为按照法定继承办理。同样，如果受遗赠人实施了特定行为，丧失了受遗赠权，本应由其接受的遗产也需要法律明确应当如何处理。继承法未对丧失受遗赠权作出规定，继承编在第1125条第3款增加规定后，本项作了相应修改，明确受遗赠人丧失受遗赠权的，有关部分遗产也应按照法定继承办理。

三是遗嘱继承人、受遗赠人先于遗嘱人死亡或者终止。遗嘱继承人先于遗嘱人死亡的，遗嘱人可能并不知道这一事实，此时，遗嘱所指定的继承人已经死亡，丧失民事主体资格，也就无法获得遗嘱继承权。需要注意的是，在法定继承情况下，继承人先于被继承人死亡的，可能将会发生代位继承，继承人的特定晚辈亲属将因代位继承而获得遗产。受遗赠的自然人先于遗嘱人死亡的，受遗赠的组织先于遗嘱人死亡即已终止的话，在遗嘱人死亡后，因为受遗赠人已经死亡或者终止，不再具有民事主体资格，也就无法就是否接受遗赠作出意思表示，同样不能获得遗赠的遗产。此时，遗嘱人所遗赠的此部分遗产，同样需要按照法定继承办理。

四是遗嘱无效部分所涉及的遗产。遗嘱继承优先于法定继承，但遗嘱继承优先的前提是遗嘱合法有效，如果遗嘱无效，那么，遗嘱就不具有执行的法律效力，遗嘱继承也就无从谈起。本法第1143条规定了遗嘱无效的法定情形，包括无民事行为能力人和限制民事行为能力人所立的遗嘱，遗嘱人受欺诈所立遗嘱，遗嘱人受胁迫所立遗嘱，伪造的遗嘱，遗嘱被篡改的部分。不论遗嘱是因为哪种原因导致无效，那么遗嘱所涉及的那部分遗产都必须按照法定继承办理。比如，老年人甲因老年痴呆失去民事行为能力，甲享有一套房产的所有权，同时还有银行存款30万元。甲因患病住院，住院期间某护士乙为其提供了非常周到细致的照顾，甲遂立下遗嘱，写明将其银行存款赠与护士乙。甲因治疗无效逝世。对于甲在遗嘱中所写的银行存款的处理，因甲系无民事行为能力人，其所立遗嘱无效，故应按照法定继承处理。同样，因为遗嘱还存在部分无效的情形，此时，仅所涉部分遗产应按照法定继承办理。比如，丙有

A、B两处房产的所有权，因丙的女儿丁非常孝顺，故丙在一份遗嘱中明确 A 处房产归其女儿丁继承。此后，不孝之子戊获悉此事，遂胁迫丙立遗嘱声明 B 房产归戊继承。丙死亡后，由于后一份遗嘱系戊胁迫丙所立，该遗嘱无效，故该遗嘱所涉及的 B 房产应按法定继承办理，而不能由戊单独继承。但因前一份遗嘱合法有效，故 A 房产仍应按照遗嘱继承办理，应当由丁继承。

五是遗嘱未处分的遗产。被继承人死亡时如果立了遗嘱，遗嘱可能会处分全部遗产，此时就应按遗嘱执行。如果遗嘱仍有部分未处分的遗产，对这部分遗产就应按照法定继承办理。

所谓按照法定继承办理，就是根据第二章法定继承所规定的继承人范围、顺序、份额等依法对遗产进行分割。

> **第一千一百五十五条** 遗产分割时，应当保留胎儿的继承份额。胎儿娩出时是死体的，保留的份额按照法定继承办理。

❖ **条文主旨** ❖

本条是关于保留胎儿继承份额的规定。

❖ **条文解读** ❖

总则编第 16 条规定，涉及遗产继承、接受赠与等胎儿利益保护的，胎儿视为具有民事权利能力。但是，胎儿娩出时为死体的，其民事权利能力自始不存在。因此，根据本条的规定，胎儿在遗产继承方面是具有民事权利能力的。

根据总则编第 16 条的规定，既然视胎儿具有继承方面的权利能力，也就意味着胎儿可以享有继承权。因此，只要受孕在身，作为具有权利能力的一分子，胎儿就拥有依法获得遗产的权利。但毕竟胎儿尚未出生，为了确保胎儿的继承权不受影响，本条专门进行规定。

首先，遗产分割时，应当保留胎儿的继承份额。胎儿享有继承权，但是毕竟胎儿尚未出生，无法确认胎儿是否能够正常出生。因此，本条规定在遗产分割的时候，需要保留胎儿的继承份额。所谓保留胎儿的继承份额，就是在计算参与遗产分割的人数时，应该将胎儿列入计算范围，作为参与分割的一分子，将其应得的遗产划分出来。需要注意的是，这里的继承份额既包括法定继承时的继承份额，也包括遗嘱继承时的份额。在法定继承时，如果胎儿在继承人范围和顺序之内，应当按照法定或者协商确定的分割原则、比例计算胎儿的应继承遗产份额。在遗嘱继承时，如果遗嘱中明确哪些遗产属于受孕之胎儿的，那么在分割遗产时，就应将此部分遗产予以保留，而不得以胎儿尚未出生为由予以瓜分。保留的是胎儿应得的遗产份额，就是将胎儿按照一个普通继承人计算所应获得的遗产。如果遗产是不动产，对不动产实行价值分割时，就要保留胎儿应得的那份价值；如果是对动产进行实物分割，就应保留胎儿应得的那部分实物。

其次，本条同时规定，胎儿娩出时是死体的，保留的份额按照法定继承办理。胎儿毕竟尚未出生，能否顺利分娩尚未可知。在分娩胎儿时可能有两种情况：第一种是顺利分娩，即顺利出生，胎儿即成为活的婴儿，也就成为独立的民事主体。这时，为胎儿所保留的遗产即成为出生之婴儿的财产。第二种情况就是分娩失败，娩出的胎儿为死体。根据总则编第 16 条规定，胎儿娩出时为死体的，其民事权利能力自始不存在。在这种情况下，胎儿的民事权利能力自始不存在，因此，包括继承的权利能力在内的所有权利能力都溯及地消灭。所保留的遗产自然无法为没有权利能力者取得。根据本条的规定，胎儿娩出时是死体的，为胎儿所保留的遗产份额就需要按照法定继承办理，即由被继承人的法定继承人继承。如被继承人甲死亡，留下价值600万元的房产一套。考虑到其妻子乙已怀胎，甲特地在遗嘱中明确将自己的存款100万元作为遗腹子的抚育资金，指定由遗腹子继承。甲的父母、妻子对该房产进行价值分割时，依法对乙腹中的胎儿保留了其中的一份150万元。由于乙生产不顺导致胎儿未能顺利出生，胎死腹中。此时，为乙腹中胎儿所保留的遗嘱继承中的银行存款100万元、法定继承中的房产价值分割150万元，都需要按照法定继承办理，即由甲的法定继承人（包括甲的配偶乙、甲的双亲）按照法定继承进行分割。

◆ **案例分析** ◆

1998年3月，李甲与郭乙登记结婚。2002年，郭乙以自己的名义购买了一套建筑面积为80平方米房屋A（评估价60万元），并办理了房屋产权登记。2006年1月，李甲和郭乙共同与南京某医院生殖遗传中心签订了《人工授精协议书》，利用他人精子对李甲实施了人工授精，后李甲怀孕。2006年7月，郭乙因病住院，其在得知自己患了癌症后，向李甲表示不要这个孩子，但李甲不同意人工流产，坚持要生下孩子。7月20日，郭乙在医院立下自书遗嘱，在遗嘱中声明他不要这个人工授精生下的孩子，并将自己所购房屋A全部赠与其父母郭丙、童丁。郭乙于7月底病故。李甲无业，每月领取最低生活保障金，另有不固定的打工收入，并持有夫妻关系存续期间的共同存款18000元。郭乙的父母郭丙、童丁另有住房，均系国企退休职工且有退休工资。因郭乙的遗产（包括房屋A和存款）继承问题，李甲与郭丙、童丁诉至法院。郭丙、童丁主张，因李甲腹中的胎儿与郭乙并无血缘关系，郭乙也已声明不要该胎儿，且根据郭乙的自书遗嘱，房屋 A 应当由郭丙、童丁继承；对于郭乙的存款，根据法定继承，郭丙、童丁也应分得相应份额。李甲认为自己腹中胎儿系其与郭乙的婚生子女，依法应当享有继承郭乙遗产的权利。

人民法院审理后认为，首先，夫妻关系存续期间，双方一致同意利用他人的精子进行人工授精并使女方受孕后，男方反悔，而女方坚持生出该子女的，不论该子女是否在夫妻关系存续期间出生，都应视为夫妻双方的婚生子女。因此，李甲腹中的胎儿应视为李甲与郭乙的婚生子女。其次，郭乙在自书遗嘱中将房屋 A 全部赠与其父母，由于该房屋系其与李甲夫妻关系存续期间所购置，系夫妻共同财产，对于不属于自身遗产的部分，郭乙在遗嘱中不得作出处分，其仅能处分属于自己的一半。再次，根据法律的规定，遗嘱应当为缺乏劳动能力又没有生活来源的继承人保留必要的遗产份额，虽然郭乙立有自书遗嘱，但其遗嘱未为李甲腹中的胎儿保留必要的份额。根据法律规定，遗产分割应当为胎儿保留继承份额。最后，李甲所持有的存款，亦属于夫妻共同财产，其中一半属于郭乙的遗产，由于郭乙在遗嘱中未处理该部分遗产，故此部分遗产应按照法定继承办理。综合考虑前述因素，人民法院判定房屋 A 归李甲所有，但李甲应对房屋 A 价值的一半（30 万元）予以价值补偿，该部分价值系郭乙的遗产。根据郭乙的遗嘱，该部分遗产归其父母继承，但李甲腹中的胎儿依法应有相应的份额。故将该部分遗产分为三份，分别由郭丙、童丁和李甲腹中胎儿继承。李甲持有的存款中的一半（9000 元）属于郭乙的遗产，由其继承人按照法定继承办理，平均分成四份分别由李甲、郭丙、童丁及李甲腹中胎儿继承。

> 第一千一百五十六条　遗产分割应当有利于生产和生活需要，不损害遗产的效用。
> 不宜分割的遗产，可以采取折价、适当补偿或者共有等方法处理。

❖ **条文主旨** ❖

本条是关于遗产分割的规定。

❖ **条文解读** ❖

继承人在大多数情况下都不是只有一人，所以遗产往往是数人参与继承。遗产的分割就是在共同参与继承的数个继承人之间，按照继承人应当继承的份额予以分配。遗产分割前由全体继承人共有，分割之后，各继承人所获得的遗产即转为其个人财产。正常情形下，遗产分割应该是继承的最后一个环节。继承从被继承人死亡后，即需要启动继承开始通知程序，确定继承人范围，选任遗产管理人，遗产管理人开始清点遗产、制作遗产清单、处理债权债务等，在清理完毕所有债权债务之后，最终剩下的遗产就是由继承人共同继承的遗产，各继承人要实现自己的继承权，最终就需要对遗产予以分割。

一、遗产分割的原则

本条首先规定，遗产分割应当有利于生产和生活需要，不损害遗产的效用。遗产可能是动产、不动产，也可能是有价证券、银行存款，还可能是投资性资产。对于不同的遗产，在分割时，需要根据遗产的具体情况进行分割。但不管分割什么遗产，都要遵循这一原则，即有利于生产和生活、物尽其用。

首先，遗产分割要有利于生产。对生产资料型遗产的分割而言，在分割时，就应该按照有利于生产的原则进行。有利于生产可以从两个方面考虑：一方面，不能损害遗产本身的生产性用途，确保遗产分割后还能用于正常的生产经营。比如，农民甲死亡后，遗产包括耕地用的拖拉机一台。对于这台拖拉机，继承人在分割时，就需要根据其农业用途进行分割，而不宜将拖拉机拆解用于其他用途。另一方面，就是在分割遗产时，还要考虑继承人的能力、职业等因素，确保遗产分割后能得到继承人的合理充分利用。比如，对于前面所说甲遗留的拖拉机，如果甲的继承人中仅有乙在农村从事农业生产，其他继承人均在城市居住，从事非农业工作。在分割遗产时，即应尽量将该拖拉机分割给乙，这样乙就可以充分实现该遗产的使用价值。

其次，遗产分割要有利于生活。对于生活性用途的遗产，则应该考虑如何分割更便利于继承人的生活。比如，对于被继承人日常使用的电视机、洗衣机等生活物品，应将这些遗产尽量分割给被继承人共同生活的继承人，这样便于继承人继续使用这些遗产。总之，继承人之间应当相互体谅，从有利于生产、生活的角度考虑各种遗产的分割。

最后，遗产分割要物尽其用。所谓物尽其用就是要根据物本身的属性、特征来分割，确保实现遗产的使用价值、经济价值最大化，充分实现遗产的效用。比如，被继承人死亡时遗留有明代古董家具一套，如果予以拆分，价值将明显减少，此时就应由一个继承人继承这一套家具更适宜，更能实现该遗产的经济价值。

二、遗产分割的方法

本条还规定，不宜分割的遗产，可以采取折价、适当补偿或者共有等方法处理。有些遗产可以直接分割，就需要按照遗产分割的原则进行分割。但是有些遗产不适宜分割，或者分割后会损害其效用，导致价值贬损，就需要采取其他方式予以分割。

　　一般而言，遗产分割的方式包括四种：一是实物分割。实物分割就是对遗产进行物理上的分离，继承人按照各自份额分别占有不同部分。比如，被继承人遗留有贵重首饰若干，即可以采取实物分割的方法，由每个继承人各分得若干件首饰。二是变价分割。有的遗产不适合进行实物分割，进行实物分割可能导致该遗产失去价值，或者所有继承人都不想取得该遗产的实物，就可以变卖该遗产取得价款，由继承人按照各自的继承份额对价款进行分割。比如，被继承人甲死亡后留有大型运输卡车一辆，由于继承人均不会开运输卡车，也不愿意利用该卡车进行运输经营。此时，就可以将该卡车予以出售变现，各继承人再对取得的价款进行分割。三是补偿分割。对于不宜进行实物分割的遗产，如果其中有继承人愿意取得该遗产，就可以由该继承人取得遗产的所有权。再由取得遗产所有权的继承人根据其他继承人对该遗产的价值所应取得的比例，支付相应的价金，对其他继承人予以补偿。四是保留共有。有的遗产不宜进行实物分割，所有继承人都愿意取得该遗产的，或者继承人基于某种生产或生活的目的，愿意继续维持遗产的共有状况，就可以由继承人对该遗产继续共有。这时的共有属于按份共有，即根据各继承人应继承的份额共同享有所有权。保留共有的可能是对家庭具有特殊纪念意义的物品。比如，甲死亡后遗留有传家古董一个，该古董无法进行实物分割，其继承人均不愿意对该古董进行价值分割，各继承人都想继续让全家共有此古董，即可以达成共识，继续保持对该古董的共有状态。

> **第一千一百五十七条**　夫妻一方死亡后另一方再婚的，有权处分所继承的财产，任何组织或者个人不得干涉。

第四章 遗产的处理

❖ **条文主旨** ❖

本条是关于配偶再婚时有权处分继承财产的规定。

❖ **条文解读** ❖

在遗产分割之后，继承人所分得的遗产就属于个人财产。因此，从理论上而言，不论被继承人生前与继承人是何种法律关系，在被继承人死亡后，被继承人的民事权利能力消灭，民事主体资格丧失，其与继承人的法律关系即告消灭。同样，在遗产分割之后，继承人之间对遗产的共有关系发生变化，继承人通过遗产分割取得的遗产作为个人所有的财产，其对此当然依法享有处分权。即便继承人不再婚，也是可以自由处分自己所继承的财产。因此，在继承编草案审议过程中，有的意见提出，本条没有必要规定，可以删除。考虑到我国的特殊国情，在有的地方还有些落后习俗，"寡妇带产改嫁"仍受到一定的限制，保留本条规定还是有必要的。

本条规定，夫妻一方死亡后另一方再婚的，有权处分所继承的财产，任何组织或者个人不得干涉。首先需要说明的是，夫妻任何一方死亡，另一方均有再婚的权利。原因在于，首先，自然人死亡的，其民事主体资格消灭，其他人与其的身份关系也告终止。因此，夫妻关系随着一方的死亡也就消灭了，在世一方有权再婚，与其他人缔结新的婚姻关系。这种婚姻自主权是受到法律保护的。其次，在世的配偶一方不论是否再婚，都有权处分自己继承取得的财产。继承的遗产不管是动产，还是不动产，在法律上而言都是其个人所有的财产。根据法律的规定，所有人有权处分自己的财产。再次，如果在世配偶一方再婚，有权依法处分自己继承所获得的财产。这里的处分，既可以是转移占有、抛弃，也可以是赠与、出售，甚至销毁。总之，当事人可以按照自己的意志自由处分。最后，任何组织或者个人都不得干涉。不论是再婚者的子女、公婆或者岳父母、兄弟姐妹，还是妯娌或者其他姻亲、血亲，以及其他家族人员等，都不得干涉。所谓干涉就是施加影响力，包括阻止、破坏、阻扰。比如，被继承人甲死亡后，其妻子乙继承获得位于 A 村的房产一套。后乙与 B 村的丙再婚，因丙无房，故丙搬来 A 村与乙共同居住。甲的哥哥丁认为，乙所继承的房屋为其家族的祖屋，外人不得入住，遂欲阻止丙入住。丁的行为即违反了本条的规定，乙继承取得了房产后，有权与再婚配偶共同居住使用，丁的行为属于非法干涉乙对财产的处分权。

> **第一千一百五十八条** 自然人可以与继承人以外的组织或者个人签订遗赠扶养协议。按照协议，该组织或者个人承担该自然人生养死葬的义务，享有受遗赠的权利。

❖ **条文主旨** ❖

本条是关于遗赠扶养协议的规定。

❖ **条文解读** ❖

遗赠扶养制度是具有中国特色的一种法律制度。遗赠扶养协议制度源于我国农村地区的"五保户"制度。"五保户"就是在农村地区无劳动能力、无生活来源又无法定赡养、扶养义务人，或者其法定赡养、扶养义务人无赡养、扶养能力的，由集体经济组织负责其供养及死后的丧葬。继承法制定时，将此项制度予以法律化，规定了遗赠扶养协议制度。随着我国社会保障制度的不断完善，国家逐步完善了农村的养老保险等相关制度。同时，为了促进农村社会保障制度的发展，国务院还专门制定了《农村五保供养工作条例》，从职责分工、供养对象、供养内容、供养形式等方面予以规范。遗赠扶养协议在特定历史时期曾发挥着实现老有所养的功能。随着我国人口结构步入老龄化，人民群众的养老需求多样化，养老模式不断变化，养老产业不断发展。继承编适应我国养老形式多样化的需要，对继承法的遗赠扶养协议的规定进行了适当修改，扩大了供养人的范围，进一步完善了遗赠扶养协议制度。

一、遗赠扶养协议的特征

遗赠扶养协议就是自然人（遗赠人、受扶养人）与继承人以外的组织或者个人（扶养人）签订的，由扶养人负责受扶养人的生养死葬，并享有受遗赠权利的协议。

首先，遗赠扶养协议是一种协议。协议是一种双方法律行为，因此，需要双方当事人意思表示达成一致方能成立。这是遗赠扶养协议与遗赠、遗嘱的本质区别。遗赠、遗嘱都是单方法律行为，遗赠人、遗嘱人单方作出意思表示即可。遗赠扶养协议作为双方法律行为，一旦成立生效，对双方当事人都有法律约束力，双方必须严格遵守，否则将构成违约。遗赠扶养协议的双方当事人一方是受扶养人，另一方是扶养人。其次，遗赠扶养协议是双务有偿法律行为。不仅扶养人有扶养另一方的义务，受扶养人也需要按照约定将自己的遗产赠与对方。遗赠扶养协议是有偿的，双方都需要向对方支付对价。扶养人支付对价的方式就是负责受扶养人的生养死葬，受扶养人就是通过死后将遗产赠与扶养人的方式支付对价。最后，遗赠扶养协议为要式法律行为。遗赠扶养协议需要以书面方式作出。因为双方达成遗赠扶养协议后，协议的履行期限往往较长，且扶养人在受扶养人死亡后才能取得遗产，如果没有书面协议，受扶养人死亡后，将死无对证，无法确认双方是否存在真实的遗赠扶养关系。

根据本条规定，自然人可以与继承人以外的组织或者个人签订遗赠扶养协议。需要注意的是，遗赠扶养协议的双方当事人比较特殊：一方为自然人，即受扶养人。受扶养的自然人不论基于何种原因，只要其本人欲通过此种方式养老，即可以采取，而不论其是否有法定的扶养义务人。另一方必须为继承人以外的组织或者个人。因此，法定继承人是不能与被继承人签订遗赠扶养协议的。在继承编起草制定过程中，有的意见提出，应当允许继承人与被继承人签订继承协议。考虑到赡养老人是中华民族的传统美德，如果允许一部分继承人与另一部分继承人及被继承人签订协议，部分继承人放弃继承而不承担赡养义务，另一部分继承人赡养被继承人而继承遗产，这有悖于法律规定的赡养义务，也不符合传统美德。故本条规定，遗赠扶养协议必须是受扶养人与继承人之外的人签订。继承法规定扶养人只能是个人或者集体经济组织。本条规定扶养人除继承人之外的个人外，将集体经济组织扩大到各种组织。这里的组织既可以是法人，也可以是非法人组织。当然，应当是具备承担养老职能的组织。

二、遗赠扶养协议的主要内容

本条规定，遗赠扶养协议就是按照协议，作为扶养人的组织或者个人承担受扶养人生养死葬的义务，享有受遗赠的权利。根据合同法的一般原理，遗赠扶养协议应当包括以下主要内容：

一是协议双方当事人。协议应当载明受扶养人的姓名、身份证号码、住址等基本信息，以及扶养人个人的姓名、身份证号码、住址或者组织的名称、住所等基本信息。

二是扶养人的义务和受扶养人的权利。扶养的主要义务包括两个方面：一方面就是"生养"。在受扶养人生存期间，扶养人需要承担对受扶养人生活上的照料和扶助义务，特别是在受扶养人生病时应当提供的照护，在协议中应尽量写明照料的标准和水平。另一方面就是"死葬"。在受扶养人死亡后，扶养人应当负责办理受扶养人的丧事，包括按照受扶养人的遗愿办理遗体火化、埋葬等事宜。这些扶养人的义务，同时也是受扶养人的权利。

三是受扶养人的义务，也就是扶养人的权利。扶养人的权利主要就是根据协议取得受扶养人所赠与的遗产。因此，双方应当在协议中写明，受扶养人拟将哪些遗产赠与扶养人。同时还应约定受扶养人在世期间不得擅自处分协议所涉及的财产。

四是协议的解除。双方可以在协议中约定，如果一方违反约定，另一方有权要求解除遗赠扶养协议，并要求对方承担相应的补偿责任。比如，约定如果扶养人拒绝履行扶养义务，受扶养人有权解除合同，且不必向扶养人支付费用；还可以约定如果受扶养人擅自处分协议所涉及的财产，扶养人可以解除协议，并要求受扶养人支付相应的供养费用。

五是争议解决条款。双方可以在协议中约定一旦发生争议，可以通过哪些途径解决，通过仲裁，还是调解，还是诉讼方式。同时应尽量明确约定争议解决的具体机构。

三、遗赠扶养协议的效力

遗赠扶养协议与一般的财产性合同有较大差别，不仅在合同内容上有很大不同，在法律效力上也是如此。首先，在一般合同中，如果合同缔约一方当事人死亡，合同主体就消亡，合同因缺少主体而告终止。遗赠扶养协议则不同，在受扶养人死亡后，扶养人才开始根据协议获得受遗赠权，这种权利并不会因为对方死亡而消灭。其次，一般合同的效力都具有相对性，即合同通常仅对缔约的双方当事人具有法律约束力，对其他第三人没有法律效力。遗赠扶养协议则不同，不仅对签订遗赠扶养协议的双方具有法律约束力，对受扶养人的继承人、其他受遗赠人也有约束力。受扶养人的继承人不得根据法定继承排斥扶养人的受遗赠权。受扶养人的遗嘱不能与遗赠扶养协议内容相矛盾,如有相抵触的,应当执行遗赠扶养协议的内容。因此,遗赠扶养协议的效力优先于遗嘱,也优先于法定继承。

❖ **案例分析** ❖

黄甲与周乙于1970年结婚,婚后一直未生育,遂于1973年收养戴丙为养子,并一直共同生活。后戴丙结婚,并生有一子黄丁。后戴丙因工作需要,携妻带子黄丁迁居外地。1999年12月,黄甲与周乙购买房产一处。2005年周乙去世后,黄甲一直独自居住。2006年10月,黄甲立有自书遗嘱,载明自己死亡后所有财产均由黄丁继承。2009年7月,由于黄甲患重病后身体行动不便,邻居王戊经常照顾黄甲。由于戴丙及其子黄丁长期不在身边,王戊主动予以照料。2010年1月,黄甲与王戊签订协议,约定由王戊照顾黄甲的衣食住行,负责为黄甲养老,亡故后亦由王戊料理后事,黄甲的房产将赠与王戊。协议由居民委员会盖章及3名工作人员签字为证。2015年8月,黄甲病故,王戊为其操办后事。王戊在清理遗产时发现黄甲共遗留房产(评估价60万元)一处外,还有存款80万元、名人字画若干。黄丁提出,根据黄甲的遗嘱,所有的遗产应由其继承。王戊认为根据其与黄甲所签订的协议,黄甲的遗产应当由其获得。戴丙提出,应当尊重黄甲的遗愿,所有遗产折价后由黄丁、王戊平分。因对黄甲遗产分割问题存在分歧,诉至法院。

人民法院审理后认为,对于黄甲的遗产应当如何处理的问题,需要结合黄甲生前的真实意思表示确定。首先,黄甲确实曾立有遗嘱,表示其所有遗产由黄丁继承。此意思表示系黄甲的真实意思表示,应当尊重。根据法律规定,在有遗嘱的情况下,遗嘱继承优先于法定继承。其次,黄甲在立遗嘱之后,又与王戊签订了协议,从该协议的内容看属于遗赠抚养协议。根据法律规定,遗赠抚养协议的效力优先于遗嘱。由于黄甲与王戊的遗赠抚养协议约定,黄甲在亡故后将房产赠与王戊。此协议内容与黄甲遗嘱内容有冲突,根据法律规定,应当按照遗赠抚养协议处理此部分遗产。因此,黄甲所遗留的房产应当赠与王戊。由于黄甲与王戊的遗赠抚养协议并未涉及房产以外的其他遗产,故其他遗产应当尊重黄甲生前的遗嘱处理,即黄甲所遗留的存款、名人字画应当由黄丁继承。

> **第一千一百五十九条** 分割遗产,应当清偿被继承人依法应当缴纳的税款和债务;但是,应当为缺乏劳动能力又没有生活来源的继承人保留必要的遗产。

❖ **条文主旨** ❖

本条是关于分割遗产应当缴纳税款、保留必要遗产的规定。

❖ **条文解读** ❖

遗产是被继承人遗留的合法财产,一般而言,被继承人在生前不仅会留有财产,有的被继承人还会留下债务或者其他义务。被继承人生前所负担的各种债务,理论上称为遗产债务。遗产债务是被继承人个人所欠的债务。这种债务可能完全是被继承人个人的债务,也可能是共同债务中被继承人应当分担的那部分债务。遗产债务是被继承人生前所欠的,被继承人死亡后因处理善后事务而发生的各种费用不属于遗产债务。遗产债务需要用遗产来偿还。遗产管理人的职责之一就是清理并处理被继承人的债权债务。故本条首先规定,分割遗产,应当清偿被继承人依法应当缴纳的税款和债务。

1. 清偿应缴纳的税款。我国宪法第 56 条规定:"中华人民共和国公民有依照法律纳税的义务。"根据税收征收管理法第4条的规定,纳税人必须依照法律、行政法规的规定缴纳税款。税收具有强制性,依法纳税是公民的宪法义务,这种义务是强制性的;税收还具有无偿性,个人缴纳税款时并不能直接获得对价,但可以享受政府提供的公共服务。如果被继承人生前有未缴纳的税款,所欠的税款可以视为其对国家所欠的债务。被继承人死亡后,就需要用其遗产来清偿所欠税款。税款,可能是被继承人生前未缴纳的个人所得税,也可能是其出售不动产应缴纳的印花税、增值税,等等。只要是被继承人个人生前未缴纳的税款,并不会因为其死亡而消失,仍需要以其遗留的个人财产来支付。

2. 清偿债务。债务就是被继承人生前对其他民事主体所负的私法上的各种债务。债务包括合同之债,也包括侵权之债,还可以是不当得利或者无因管理之债;债务可能是主债务,也可能是因为提供保证、抵押、质押而形成的从债务;债务可能纯属个人债务,也可能是与他人形成的共同债务、连带债务。不论是哪种类型的债务,只要是被继承人生前所负,都需要以遗产清偿。

被继承人生前所欠税款和债务,应当是在分割遗产之前予以清偿。遗产管理人在清理被继承人的债权债务后,需要及时予以处理,该缴纳的税款应当缴纳,该清偿的债务必须及时清偿,在清理完债权债务之后,再按照遗嘱的内容处分剩余遗产,或赠与,或按照遗嘱继承,或按照法定继承分割遗产。如果在分割遗产之前,不知道被继承人存在遗产债务的,在遗产分割之后,仍需要依法以遗产予以清偿。

3. 保留必要的遗产。本条中的但书规定,清偿所欠税款和债务,应当为缺乏劳动能力又没有生活来源的继承人保留必要的遗产。根据此规定,不论是以遗产缴纳所欠税款还是偿还所负债务，需要注意的是，必须为缺乏劳动能力又没有生活来源的继承人保留必要的遗产。保留必要遗产需要从以下几个方面理解：首先，需要保留的前提是遗产可能不足以清偿债务和缴纳税款。如果遗产比较多，缴纳税款和偿还债务后仍绰绰有余，则没有必要专门予以保留。其次，保留遗产指向的对象是缺乏劳动能力又没有生活来源的继承人。作出保留必须同时满足三个条件：第一，获得保留遗产的人必须是继承人，继承人以外的人不能享有此权利。第二，继承人缺乏劳动能力。缺乏劳动能力就是因种种原因无法参与生产劳动而获得经济收入维持生计。缺乏劳动能力可能是因为年龄尚小而无劳动能力，也可能是因为年龄太大或者因病残而丧失劳动能力。没有劳动能力必须是客观上造成的无法劳动，而不是继承人主观上不愿意就业造成的。第三，继承人没有生活来源。没有生活来源就是继承人无法通过自身劳动获取收入养活自己，或者没有其他经济收入用以维持生计。如果继承人虽然没有劳动能力，但是其在银行有巨额存款或者已经专门为其设立了生活基金，足以为其提供生活所需之费用，此时就不能说其没有生活来源。之所以要为这种继承人保留遗产份额，体现的就是一种人文关怀。最后，保留的是必要的遗产。就数量而言，为缺乏劳动能力又没有生活来源的继承人保留的是必要的遗产。必要遗产就是维持其正常生活所需的必要的遗产，而不是全部遗产或者要确保其过超出一般人正常生活的奢侈生活。

  保留必要遗产具有优先于税款和债务的效力，只要被继承人的遗产可能不足以清偿所欠税款和债务，就必须予以保留。这也是我国很多立法所坚持的一贯立场。比如，民事诉讼法第243条第1款规定，被执行人未按执行通知履行法律文书确定的义务，人民法院有权扣留、提取被执行人应当履行义务部分的收入。但应当保留被执行人及其所扶养家属的生活必需费用。税收征收管理法第 40 条第 3 款规定，个人及其所扶养家属维持生活必需的住房和用品，不在强制执行措施的范围之内。税收征收管理法第 42 条规定，税务机关采取税收保全措施和强制执行措施必须依照法定权限和法定程序，不得查封、扣押纳税人个人及其所扶养家属维持生活必需的住房和用品。

> **第一千一百六十条** 无人继承又无人受遗赠的遗产，归国家所有，用于公益事业；死者生前是集体所有制组织成员的，归所在集体所有制组织所有。

◆ **条文主旨** ◆

本条是关于无人继承遗产的规定。

◆ **条文解读** ◆

一、无人继承遗产

无人继承遗产就是没有继承人或者受遗赠人接收遗产。被继承人的遗产无人接收，原因可能是多种多样的：第一，无人继承的遗产，可能客观上既没有继承人，也没有受遗赠人。没有法定继承人就是法律规定的第一顺序、第二顺序继承人都没有，被继承人也未留有遗嘱指定受遗赠人。第二，虽然被继承人有继承人或者通过遗嘱确定了受遗赠人，但是继承人全部放弃继承，受遗赠人也都放弃受遗赠。第三，被继承人死亡后，虽然有继承人，但继承人全部丧失继承权且未得以恢复。第四，被继承人死亡后，没有法定继承人或者法定继承人丧失继承权，仅在遗赠中处理了部分遗产，其余遗产也构成无人继承遗产。

不论基于何种原因，只要被继承人的遗产实际上无人受领，就会形成无人继承遗产，此种情况下，遗产不能任由他人先占取得。

二、无人继承遗产的归属

为了明确我国无人继承遗产的归属，本条规定，无人继承又无人受遗赠的遗产，归国家所有，用于公益事业；死者生前是集体所有制组织成员的，归所在集体所有制组织所有。根据此规定，在我国无人继承的遗产需要根据不同情况分别处理：如果死者生前是集体所有制组织成员的，其遗产归集体所有制组织所有；如果死者生前为其他人员的，则其遗产归国家所有，应用于公益事业。

1. 归国家所有，用于公益事业。一般情况下，如果死者为城镇居民而非农村居民，其遗留的无人继承遗产归国家所有。归国家所有就是收归国库，由政府有关部门负责处理。但政府主管部门处理无人继承遗产需要坚持一个原则，即将这些财产用于公益事业。这项要求是继承法没有的，在继承编起草过程中，考虑到无人继承遗产由国家无偿取得，为了充分发挥这部分财产的价值，更好地体现"取之于民用之于民"的宗旨，故明确必须用于公益事业。这里的公益事业可以是教育事业、医疗事业、慈善事业等。用于公益事业就不能用于非公益事业，比如，用于行政办公经费支出。至于具体用于何种公益事业，则由政府主管部门具体分配。

2. 归集体所有制组织所有。如果死者生前是集体所有制组织成员的，因其生前一般都会从集体所有制组织获得土地承包经营权、分红等经济利益，将其遗产确定归集体所有制组织也合情合理，且土地承包收益、宅基地上的房产等具有特殊性质的财产，规定由集体所有制组织所有，也便于集体所有制组织根据本集体的具体情况作出妥善处理。

> **第一千一百六十一条** 继承人以所得遗产实际价值为限清偿被继承人依法应当缴纳的税款和债务。超过遗产实际价值部分,继承人自愿偿还的不在此限。
>
> 继承人放弃继承的,对被继承人依法应当缴纳的税款和债务可以不负清偿责任。

❖ **条文主旨** ❖

本条是关于继承人对遗产债务的清偿责任的规定。

❖ **条文解读** ❖

一般来说,应当在遗产分割前偿还遗产债务。但是,也可能因为遗产分割之后,债权人才知道被继承人死亡的事实,由于此时遗产已经分割,债权人无法再直接从遗产中实现债权,这时就涉及如何偿还遗产债务的问题,是由全体继承人共同偿还,还是部分继承人偿还,继承人之间对遗产债务承担何种责任的问题。

关于继承人对遗产债务所承担的责任问题,各地区立法模式有所不同,主要有两种立法模式:一是限定继承,即继承人仅以遗产为限对被继承人的债务承担责任。继承人可以在承认继承时专门作出意思表示。二是无限继承,即继承人无条件继承被继承人的一切权利义务,继承人对被继承人债务承担无限责任。

一、继承人对遗产债务的清偿责任

本条首先规定,继承人以所得遗产实际价值为限清偿被继承人依法应当缴纳的税款和债务。超过遗产实际价值部分,继承人自愿偿还的不在此限。根据本条规定,我国的继承原则上属于限定继承,继承人对被继承人的遗产债务不负无限清偿责任,而仅以所继承遗产的实际价值为限负清偿责任。也就是说,继承人继承多少遗产,其偿还遗产债务的限额也就是多少。继承人并不会因为继承遗产而需要无限清偿被继承人的遗产债务。

限定继承是基本原则,但本条作了例外规定,即对超过遗产实际价值部分的债务,继承人自愿偿还的不在此限。也就是说,继承人继承的遗产不足以清偿被继承人的遗产债务时,如果继承人自愿替被继承人偿还其他债务,法律尊重当事人的这种自主选择。但这种选择必须是继承人自愿、自主作出的,债权人不可以强制要求继承人偿还超出所获得遗产部分的被继承人生前所欠债务。

二、继承人对遗产债务不负清偿责任的情形

本条还规定,继承人放弃继承的,对被继承人依法应当缴纳的税款和债务可以不负清偿责任。这里的放弃继承是指既放弃了遗嘱继承,也放弃了法定继承。因此,如果继承人放弃了继承,就无须对被继承人的债务承担偿还责任。原因在于,继承了遗产的继承人仅须对遗产债务承担有限清偿责任,如果继承人放弃了继承,并没有从被继承人的遗产中获得任何利益,要求其对被继承人的债务承担清偿责任,相当于将他人的民事责任强加于继承人,这有违民法的意思自治原则,显然不合适。

如果一部分继承人参与遗产分割获得了遗产,另外一部分继承人放弃了继承。在清偿被继承人的遗产债务时,则参与遗产分割的部分继承人负有清偿责任,需要以所得遗产的实际价值为限予以偿还;放弃了继承的继承人无须承担任何清偿责任。

第一千一百六十二条 执行遗赠不得妨碍清偿遗赠人依法应当缴纳的税款和债务。

❖ **条文主旨** ❖

本条是关于遗赠与遗产债务清偿的规定。

❖ **条文解读** ❖

遗赠是遗赠人无偿赠与受遗赠人遗产的行为，虽然遗产属于遗赠人的个人财产，其有权处分，但这种无偿处分行为不应损害债权人的利益。根据合同编第538条的规定，债务人以无偿转让财产等方式无偿处分财产权益，影响债权人的债权实现的，债权人可以请求人民法院撤销债务人的行为。债务人无偿处分财产的行为不应危及债权人利益，如果法律允许债务人这么做，债务人将会借此逃债，不利于保护债权人利益。本条也作了类似规定，要求执行遗赠不得妨碍清偿遗赠人依法应当缴纳的税款和债务。遗赠人的遗赠行为也不能损害债权人利益。所谓执行遗赠不得妨碍清偿遗赠人依法应当缴纳的税款和债务，就是遗嘱执行人或者遗产管理人在执行遗赠时，不应使遗赠人的遗产债务无法得到偿还。在执行遗赠之前，应当先用遗产偿还遗赠人所欠税款和债务，清偿之后，如果遗产尚有剩余则再执行遗赠；同样，如果执行遗赠之后，债权人才知道遗赠人死亡、遗产被分割的事实，债权人有权要求受赠人将所得遗产用于偿还债务。

> **第一千一百六十三条** 既有法定继承又有遗嘱继承、遗赠的，由法定继承人清偿被继承人依法应当缴纳的税款和债务；超过法定继承遗产实际价值部分，由遗嘱继承人和受遗赠人按比例以所得遗产清偿。

❖ **条文主旨** ❖

本条是关于既有法定继承又有遗嘱继承、遗赠时债务清偿的规定。

❖ **条文解读** ❖

本法第1123条规定了遗赠扶养协议、遗嘱继承和法定继承之间的优先效力,遗赠扶养协议优先于遗嘱继承,遗嘱继承优先于法定继承。在遗产债务未得到有效清偿,遗产却已经分割时,就涉及如何用已经分割的遗产清偿债务的问题,遗产债务如何在受遗赠人、遗嘱继承人、法定继承人之间分配清偿。本条针对的就是这种情形。本条规定,由法定继承人清偿被继承人依法应当缴纳的税款和债务;超过法定继承遗产实际价值部分,由遗嘱继承人和受遗赠人按比例以所得遗产清偿。根据此规定,即遗产债务应先由法定继承人负责清偿,不足部分由遗嘱继承人、受遗赠人按比例清偿。

1. 法定继承人的清偿责任。本条首先规定,由法定继承人清偿被继承人依法应当缴纳的税款和债务。因此,如果遗产已经分割,清偿遗产债务需要先以法定继承人获得的遗产清偿。假如被继承人甲死亡后遗留有遗产100万元,负债60万元。甲在遗嘱中将其中的40万元指定由继承人乙继承,其余遗产未作安排。遗产分割时,乙根据遗嘱继承获得了40万元;其余遗产按照法定继承分割,继承人丙和丁各分得30万元。遗产分割之后,甲的债权人戊发现遗产已经被分割,遂向甲的继承人主张债权。此时,即应由丙和丁用经法定继承所获得的60万元遗产予以清偿。

2. 遗嘱继承人和受遗赠人的清偿责任。本条还规定,超过法定继承遗产实际价值部分,由遗嘱继承人和受遗赠人按比例以所得遗产清偿。所谓超过法定继承遗产实际价值部分，就是法定继承人所获得遗产的实际价值不足以偿还被继承人的遗产债务。遗嘱继承人和受遗赠人按比例清偿，是指由遗嘱继承人和受遗赠人按照所获得遗产的实际价值的比例来清偿。如果有多个遗嘱继承人，则由各遗嘱继承人之间按比例清偿；如果只有多个受遗赠人时，则由各受遗赠人按比例清偿。如甲死亡后留有价值500万元的遗产，在遗嘱中指定由继承人乙继承价值50万元的遗产；将其中150万元赠与好友丙。其余遗产未作处理。遗产分割时，将遗产中的150万元给了丙，乙按照遗嘱继承获得了50万元，其余300万元由继承人乙、丁各分得150万元。后来发现甲尚有400万元的债务未偿还。此时，就需要先由乙、丁用经法定继承取得的300万元偿还，其余100万元，则应由受遗赠人丙和遗嘱继承人乙按比例分担。因为乙按遗嘱继承了50万元，丙受遗赠金额为150万元，所以乙和丙需要按照1∶3的比例清偿剩余的100万元债务，即乙偿还其中的25万元，丙偿还其中的75万元。